网络化制造环境下供应链库存优化控制研究

董海 著

北京
冶金工业出版社
2017

内 容 提 要

本书共分7章，是在网络化制造与供应链管理的基础上，应用系统工程、控制理论、计算机仿真技术和智能算法等知识，系统地研究了供应链库存优化控制技术。

本书可作为管理科学与工程、工业工程和物流工程等专业的高年级本科生和研究生学习参考书，也可供从事网络化制造与供应链管理技术研究开发工作的专业技术人员及企业管理人员参考。

图书在版编目（CIP）数据

网络化制造环境下供应链库存优化控制研究／董海著．—北京：冶金工业出版社，2017.1

ISBN 978-7-5024-7403-4

Ⅰ.①网…　Ⅱ.①董…　Ⅲ.①互联网络—应用—供应链管理—库存—研究　Ⅳ.①F253－39

中国版本图书馆CIP数据核字（2016）第305926号

出 版 人　谭学余
地　　址　北京市东城区嵩祝院北巷39号　邮编　100009　电话　（010）64027926
网　　址　www.cnmip.com.cn　电子信箱　yjcbs@cnmip.com.cn
责任编辑　陈慰萍　美术编辑　杨　帆　版式设计　彭子赫
责任校对　禹　蕊　责任印制　牛晓波
ISBN 978-7-5024-7403-4
冶金工业出版社出版发行；各地新华书店经销；三河市双峰印刷装订有限公司印刷
2017年1月第1版，2017年1月第1次印刷
169mm×239mm；8.5印张；164千字；126页
34.00元

冶金工业出版社　投稿电话　（010）64027932　投稿信箱　tougao@cnmip.com.cn
冶金工业出版社营销中心　电话　（010）64044283　传真　（010）64027893
冶金书店　地址　北京市东四西大街46号（100010）　电话　（010）65289081（兼传真）
冶金工业出版社天猫旗舰店　yjgycbs.tmall.com

前　　言

网络化制造是在网络技术和经济全球化的背景下产生和发展起来的一种先进制造模式。这种模式体现了分布和集中的统一、自治与协同的统一、混沌和有序的统一，是涉及多个领域的综合学科。其理论是在协同论、系统论、信息论、分形论等相关理论的基础上发展起来的。

供应链管理系统是网络化制造集成平台的重要组成部分。供应链库存系统的优化程度直接影响整个网络化制造环境下供应链管理的完善程度，因此对它的研究已经成为制造业研究的热点。供应链库存优化的研究，可以客观反映现实世界供应链的运营状况、资源约束、流程优化等实际问题，并可以从全新角度刻画出企业供应链管理体系中的内在规律和复杂性，体现出供应链整合社会资源和创新管理的优势。因此，研究供应链库存系统优化控制的理论和实践对于完善网络化制造平台具有极为重要的理论和现实意义。

网络化制造环境下供应链库存优化控制技术的研究是网络化制造及供应链管理研究领域中的一项重要课题。本书在网络化制造及供应链管理的基础上，应用系统工程、控制理论、计算机仿真技术和智能算法等知识，系统地研究了供应链库存优化控制技术。

全书共分7章，各章内容安排如下：

第1章主要介绍了网络化制造的基本概念与内涵、系统结构与功能、资源集成、关键技术、研究现状及发展趋势，并在此基础上详细介绍了面向产品全生命周期的网络化集成制造系统。

第2章主要介绍了供应链及其管理的概念、供应链管理的发展方向及存在的问题、供应链优化控制问题研究现状、供应链优化控制研究的技术手段，并在此基础上提出本书主要研究的问题。

第3章主要介绍了生产物流系统的基本概念以及三种管理运作方式，对生产物流系统的四种建模方法进行了简要介绍，阐述控制理论在生产物流系统中的发展和应用。

第4章主要介绍了生产物流系统组织方式的基本理论，详细阐述了控制理论中传递函数的理论与应用范围，构建了串行生产物流系统在制品库存控制模型，阐述了控制模型中各模块的特点和基本用途，并对模型中所运用的需求平稳化、生产加工延迟与恢复库存策略进行了分析。

第5章对PID控制器的基本理论以及数字PID的特点和分类做了一定研究，详细介绍了遗传算法与改进遗传算法的特点和运作过程，并对PID控制器三个参数的问题作了进一步整定，构建了基于改进遗传算法的串行生产物流系统在制品库存PID控制模型。

第6章详细阐述了MATLAB及其下Simulink软件的特点，介绍了阶跃、锯齿和正态三种外界需求干扰状态，运用Simulink软件对加入PID与未加入PID控制器的两种在制品库存控制模型作了仿真和比较分析。

第7章针对网络化制造环境下供应链需求不确定的特点，采用MVC和MPC技术解决了供应链管理中库存动态优化问题，其控制技术中特有的精确性、鲁棒性和柔性，改善了传统库存控制理论在优化供应链动态性方面的缺陷，符合网络化制造模式中混沌和有序统一的要求。

本书在编写过程中参考和借鉴了一些相关资料，在此谨向有关作者表示深深的谢意！本书得到了辽宁省自然科学基金（201602514）、沈阳市科技计划（F14－179－1－00）、沈阳市人才专项（2014051203011）的资助。感谢沈阳工业制造系统工程重点实验室全体师生对本书出版的大力支持；特别感谢沈阳工业大学机械工程学院董一萱、沈阳大学国际学院王奕棋、沈阳大学机械工程学院信恒保、刘金花、杨光和王梓硕等同学，他们为本书的编写提供了大量的参考资料和学术文献，并参与部分章节的撰写工作。

由于网络化制造环境下供应链库存优化与控制技术涉及面较广，还有许多内容需要深入细致的研究，加之作者水平有限，书中不妥之处，敬请广大读者给予批评指正。

作　者

2016年9月

目　　录

1　网络化制造基础

网络技术的迅速发展和应用,不仅深刻地改变了人们生活和交流的方式,而且对企业的生产经营方式也产生了巨大的影响。要在经济全球化的浪潮中得以生存和发展,21 世纪的制造企业首先要转变其制造模式。网络化制造就是在这种情况下产生的一种先进制造模式,它提供了制造型企业在网络环境下开展生产、经营和管理业务活动具体的技术手段和方法。通过这些手段和方法,可以跨越地域限制,将原本分散的、孤立的企业纳入国际环境中,成为国际制造业供应链中重要的一环。实施网络化制造是为了适应当前经济全球化、区域经济发展、行业经济发展和重大技术装备研发的需求,同时网络化制造也是实施敏捷制造和动态联盟的需要。

同其他先进制造模式的产生和应用背景一样，网络化制造这种先进制造模式的产生也是需求与技术双轮驱动的结果。需求是网络化制造模式产生和应用的基础，技术是网络化制造模式使能条件。网络化制造的技术驱动力首先来源于企业生产经营中心的转变，随着市场竞争的日益激烈，企业生产经营中心经历了以生产为中心、以产品为中心到以客户为中心的转变过程。

网络化制造系统是企业在网络化制造模式的指导思想、相关理论和方法指导下，在网络化集成平台和软件工具的支持下，结合企业的具体业务需求设计实施的基于网络的制造系统。供应链管理系统就是其一个子系统。网络化制造平台下的供应链管理系统以数字化、柔性化、敏捷化为基本特征。柔性化与敏捷化是快速响应客户化需求的前提，表现为结构上的快速重组、性能上的快速响应、过程中的并行性与分布式决策。这意味着供应链系统必须具有动态易变性，能通过快速重组，快速响应市场需求的变化。因此，供应链系统的优化与控制直接影响企业的竞争力，其优化程度可以反映供应链的核心能力，体现供应链整合社会资源、创新管理的综合能力[1]。

1.1　网络化制造的概念和内涵

网络化制造是企业为应对知识经济和制造全球化的挑战而实施的以快速响应市场需求和提高企业（企业群体）竞争力为主要目标的一种先进制造模式。它采用先进的网络技术、制造技术及其他相关技术，构建面向企业特定需求的基于网络的制造系统，并在系统支持下，突破空间地域对企业生产经营范围和方式的约束，开展覆盖产品整个生命周期全部或部分环节的企业业务活动（如产品设计、制造、销售、采购等），实现企业间的协同和各种社会资源的共享与集成，高速度、高质量、低成本地为市场提供所需的产品和服务[2]。

上述网络化制造定义中所指的网络技术包括因特网、企业内部网和外联网技术；企业间协同包括产品设计协同、制造协同、供应链协同和商务协同；社会资源包括制造资源、智力资源和环境资源。作为一种先进制造技术与网络技术结合的先进制造模式，网络化制造为企业指出了在网络环境下，通过企业间协同，集成和利用全社会资源开展企业生产经营管理活动的指导思想。在这一指导思想下，企业结合自身具体的应用需求，构建特定的基于网络的制造系统，为其业务运作提供系统和工具上的支持。因此，网络化制造既包括通用的基础性的网络化制造模式、理论和方法，又包括结合企业具体需求构建的各种形式的网络化制造系统，还包括一批支持网络化制造系统的规划、组织、设计、实施、运行和管理的技术。

网络化制造特点包括敏捷化、创新化、数字化、知识化、集成化、虚拟化、直接化、网络化、模块化和智能化如图 1－1 所示。其中，敏捷化是网络化制造核心思想之一。

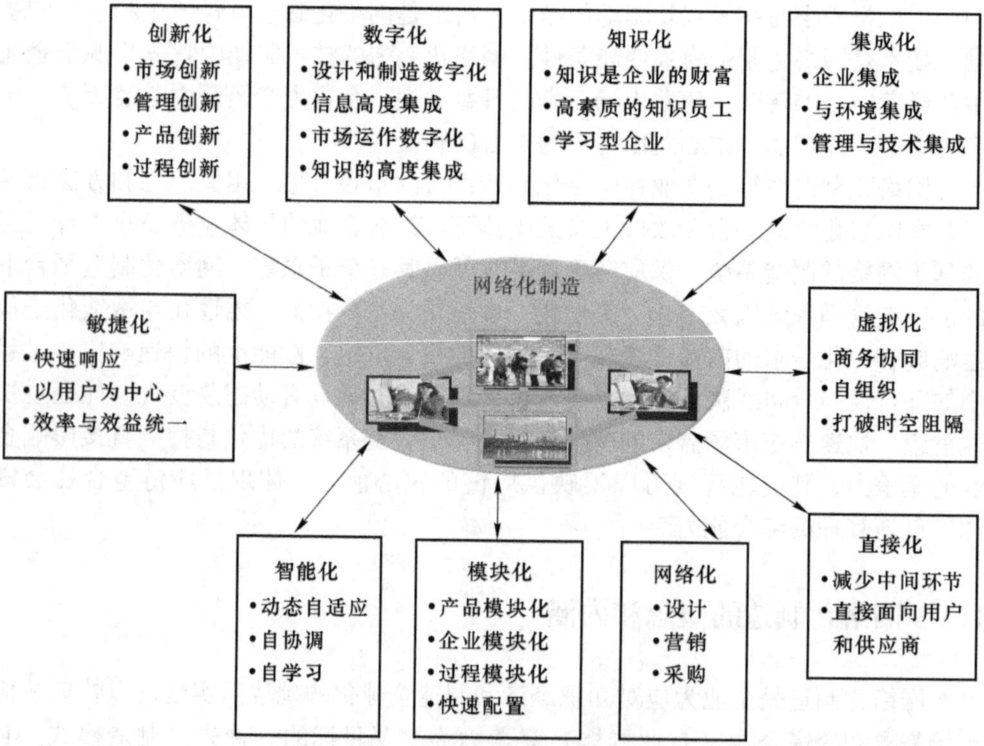

图 1－1　网络化制造的特点

生产制造系统在现今发展阶段，面临的最大挑战是：环境的快速变化带来的不确定性；技术的迅速发展带来的设备和知识的更新速度加快；市场由卖方转为买方，市场正逐步走向全球化；产品特征由单一、标准化转变为顾客化、个性化，产品的生命周期明显缩短；制造企业之间的竞争更加激烈。这就要求网络化制造必须采用集成化、数字化和网络化作为其存在的基础和实现的手段，这样才能保证该模式顺利地从理论向实际应用转变。其中，集成化是指由于资源和决策的分散性特征，要充分发挥资源的效率，就必须将制造系统中各种分散的资源实时集成，分散资源的高效集成是网络化制造的目标之一；数字化是指借助信息技术，网络化制造能够实现真正完全无图纸的虚拟设计、数字化和虚拟化制造，帮助企业形成信息化的组织构架，实现企业内部、企业与外界的信息流、物流和资金流的顺畅传递，从而缩短产品设计与制造周期，降低成本，提高工作效率；网络化是指现代通信技术的发展促进了网络联盟的形成，由于制造资源和市场的分散，实现快速重组必须建立在网络化的基础之上。因此，组建高效的网络联盟需要将电子网络作为支撑环境，并充分应用现代化通信技术与信息技术。

网络化制造具有丰富的内涵。网络化制造理论是在协同论、系统论、信息论、分形论等相关理论的基础上发展起来的。网络化制造模式体现了分布与集中的统一、自治与协同的统一、混沌与有序的统一。

（1）分布与集中的统一。网络化制造是通过网络将地理位置上分散的企业和资源集成在一起，形成一个逻辑上集中、物理上分散的虚拟组织，并通过虚拟组织的运作实现其对市场需求的快速响应，提高参与网络化制造的企业群体或产业链的市场竞争力。参与网络化制造的每个企业都有其特定的市场定位和企业目标，因此是分散的，但是在针对一个特定的市场需求时，这些通过网络连接在一起的企业又具有一个共同的目标。因此，网络化制造在企业的个体目标和群体目标、企业的物理位置和企业联盟的逻辑上体现了分散与集中的统一。

（2）自治与协同的统一。参与网络化制造的每个企业都可能是一个独立的实体，拥有独立的组织体系和决策机制、独立的运作方式和管理方法，在决定企业的行为和行为方式上每个企业是高度自治的。但是，这些企业通过网络化制造的方式联系在一起时，它们又必须是协同的，而且协同的程度越高，企业间合作的效率就越高，联盟企业的经济效应就越好。因此，网络化制造体现了每个企业个体自治和企业间协同的统一。

（3）混沌与有序的统一。由于每个企业是独立自治的，因此，每个企业的运行模式和运行状态是不同的。所有这些不同的运行状态构成的状态空间整体上呈现一种混沌的形态。但是，当这些企业通过网络化制造构成一个虚拟联盟时，联盟的运行又呈现有序的状态，并且整个联盟将朝着提高产品质量、缩短产品交货期、降低产品成本的方向进化。因此，通过网络化制造可以实现混沌向有序的转化，体现了混沌和有序的统一。

1.2　网络化制造系统的结构和功能

网络化制造系统是企业在网络化制造模式的指导思想、相关理论和方法指导下，在网络化集成平台和软件工具的支持下，结合企业的具体业务需求，设计实施的基于网络的制造系统，其组成如图 1 - 2 所示。这里的制造，是大制造的概念，既包括传统的车间生产制造，也包括企业的其他业务。根据企业的不同需要和应用范围，设计实施的网络化制造可以具有不同的形态，每个系统的功能也会有差异，但是它们在本质上都是基于网络的制造系统，如网络化产品定制系统、网络化产品协同系统、网络化系统制造系统、网络化营销系统、网络化资源共享系统、网络化管理系统、网络化供应链管理系统、网络化设备监控系统、网络化售后服务系统、网络化采购系统等。

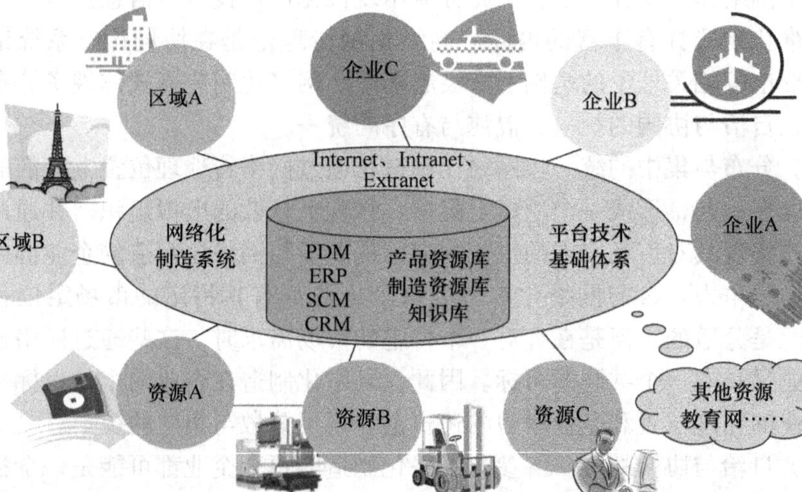

图 1 - 2　网络化制造系统的组成

网络化制造系统总体上可以分成两个部分，即企业用户以及支持它的网络化制造集成平台。网络化制造集成平台是一个基于网络等先进信息技术的企业间协同支撑环境，它为实现大范围异构分布环境下的企业间协同提供基础协议、公共服务、模型库管理、使能工具和系统管理等功能，并为企业间信息集成、过程集成和资源共享提供基于服务方式的透明、一致的信息访问与应用互操作手段，从而方便地实现不同企业间的人员、应用软件系统和制造资源的集成，形成具有特定功能的网络化制造系统。网络化制造集成平台又可以分成三层，自底向上分别是：基础层、应用与使能工具层、网络化制造应用系统层。因此，网络化制造系统的体系结构一共分四层，如图 1－3 所示。

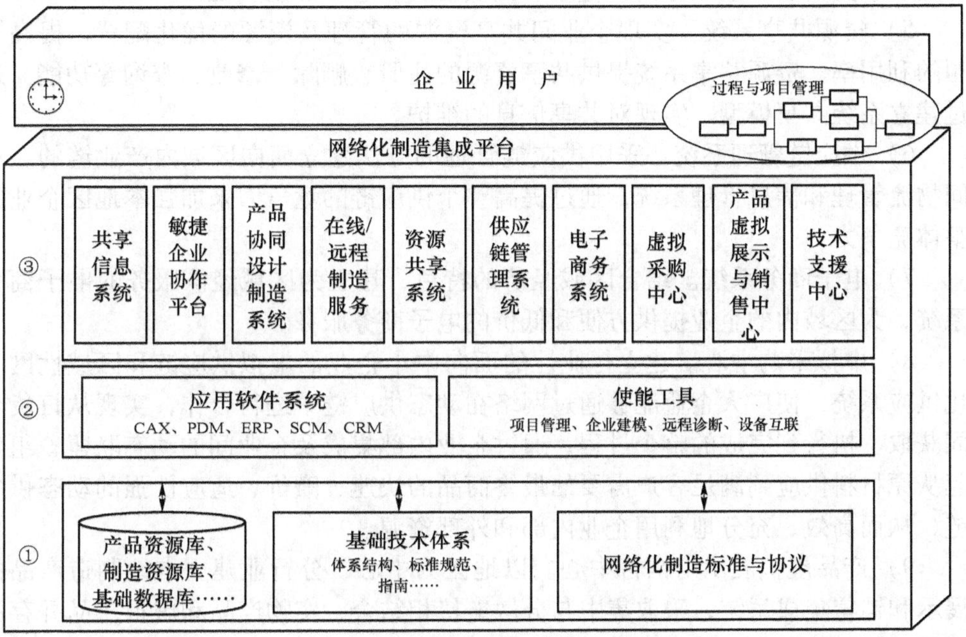

图 1－3　网络化制造系统的结构

（1）基础层。基础层主要为实施网络化制造提供基础的支持，包括基础数据库、相关的技术基础体系、网络化制造相关标准与协议等。

（2）应用与使能工具层。应用与使能工具层包括各种实施区域网络化制造所需要的应用软件系统和使能工具。

（3）网络化制造应用系统层。网络化制造应用系统层包含企业实施网络化制造所需的最主要的功能，其具体功能如下：

1）共享信息系统。为制造企业提供企业信息、产品信息和供求信息的发布机制，制造企业能方便地将自身的信息在区域/行业网络化制造平台上发布，供其他企业用户查询。提供信息检索、供求配对导航、智能信息代理服务，提供个性化服务。

2）敏捷企业协作平台。产品工程图纸和技术资料的传送与在线浏览；产品的网上协同设计；设计生产任务的异地进度监控与信息管理；虚拟会议室等。目的是提高企业间协作的效率，降低协作成本。

3）产品协同设计制造系统。为企业开展异地产品协同设计制造提供支持，包括跨企业产品数据管理、跨企业产品的并行设计制造、产品的虚拟设计与制造、产品研制的项目与过程管理、跨企业的产品可视化系统等。

4）在线/远程制造服务。通过对制造设备进行封装，实现制造设备的上网，并且能够为需要制造服务的其他企业提供在线和远程的制造工作。

5）资源共享系统。实现企业间共享资源的管理及资源的优化配置，提高资源的利用率。资源共享系统提供共享资源的注册、删除、修改、查询等功能。通过建立系统共享模型，实现对共享信息的维护。

6）供应链管理系统。采用供应链管理的方法建立面向区域内产业链的企业间物流管理和信息管理系统，通过提高整个供应链的竞争力来加强本地区企业的整体竞争力。

7）电子商务系统。结合区域经济的特色，建立为区域经济服务的电子商务系统，为区域内的企业提供方便和低价的电子商务服务。

8）虚拟采购中心。建立行业性的面向中小企业的虚拟供应链和区域性网络化供应系统，使广大企业能够通过网络在动态供应链中进行合作，实现从订货合同获取、执行到完成的整个过程，通过企业内部集成及企业间的动态联盟，组建起从原材料供应到满足客户需要的最终商品的快速、廉价、适应性强的动态供应链，从而高效、充分地利用企业内部和外部资源。

9）产品虚拟展示与销售中心。以地区为中心，分行业建立本地制造产品的展示和销售集成系统，采取集中与分散链接相结合、实物产品和虚拟产品并存的方案，建立的一个展示和推销本地产品的一个大系统。

10）技术支援中心。网络化制造系统仅依靠企业的参与是不够的，还应该依托大专院校、科研院所、系统咨询公司、中介服务公司、生产力促进中心等建立技术支援中心，为各制造企业提供强大的技术支持体系。技术支援中心需要建立友好的协同工作环境，为企业提供商务、设计、生产等方面的技术咨询服务和广泛的社会技术资源。建立技术支援体系解决企业人才资源短缺的问题，对于中小企业具有更重要的意义。

（4）企业用户层。企业用户层通过互联网络实现企业互联，在项目管理和过程管理系统的支持下开展企业网络化制造实际应用。

上面提到的网络化制造集成平台属于基础性通用集成平台。结合具体企业的实际需求,可以发展出多种特定的网络化制造专业化集成平台,如构建基于 ASP 方式的支持资源共享的网络化制造资源共享平台、支持异地协同产品开发的网络化产品协同设计平台、支持产品销售与服务的网络化产品定制服务平台、面向区域/行业企业群体的电子商务与供应链平台、支持虚拟企业运作的动态联盟管理平台等。

1.3 网络化制造资源集成

网络化制造资源集成就是以获取最大生产有效性为目的，以计算机技术和信息技术为支柱，以全球制造资源为可选对象，综合各种先进制造技术和管理技术，快速、高效地提供市场所需的产品或服务。网络化制造资源集成突破了传统经济时代资源相对集中、区域性经济的主要地位，使资源集成范围不再受地域、国界限制，形成全球性资源的大集成概念。

网络化制造资源集成将成为21世纪制造技术发展的主流。为了适应这种新的技术发展趋势和市场环境，企业必须要对其技术构成、资源形态、组织结构和运作模式等做出一系列重要的调整。调整主要表现在以下几个方面：

(1) 更加突出发展企业的核心技术，使企业的竞争力主要建立在通过核心技术完成的企业特色产品或服务上，成本和价格在企业竞争力的权重则退居其次。

(2) 围绕自己的技术特色，针对持续变化的市场环境，建立良好的可重组、可配置的资源组织模式，使企业能够针对市场变化快速重组其资源，并尽可能地减少这种重组对企业正常运作的影响。

(3) 为了实现资源的快速重组，要求企业建立更具灵活性、开放性和自主性的组织结构，金字塔形的递阶结构最终将完全被网状结构所取代，在企业组织中人与人的关系将更强调具有自主性的协调与合作，而不是行政式命令。

(4) 调整企业技术、资源和组织，使企业适应新的运作模式，即将原来单个、封闭的企业转变为围绕产品全生命周期运作的企业集团或多个优势互补企业组成的虚拟企业。对单个企业来说，与其他企业的协作能力是衡量其市场竞争力的重要因素。

网络化制造资源集成是一个运行在异构分布环境下的制造系统。在网络化制造资源集成平台的支持下，企业能够在网络环境下开展企业业务和实现不同企业之间的协作，包括供应链管理、协同设计制造、协同商务、网上采购与销售、合作伙伴选择、资源共享等。

网络化制造资源集成的体系结构从内到外分为5层，如图1-4所示。

第1层是市场和客户，即网络化制造资源集成是以市场和客户为中心，满足客户需求和赢得市场竞争是实施网络化制造资源集成的核心目标。

第2层是为满足市场和客户需求而组成的、由多个企业通过建立合作伙伴关系形成的企业联盟，具体包括制造商、供应商、销售商、承运商和其他合作伙伴。根据客户和市场需求，企业联盟协作完成从原材料获取、产品设计与制造、配送分销到售后服务的全过程，通过产品和服务满足客户需求获得利润，并实现制造平台上的所有合作伙伴"共赢"效应。

第3层是网络化制造资源集成提供基础使能服务支持，具体包括协调中心、信息服务中心和技术支持中心三个部分。网络化协调中心提供联盟企业结盟和权限管理等使能服务，如企业入盟申请的审批、入盟注册、数据访问权限的授予等。信

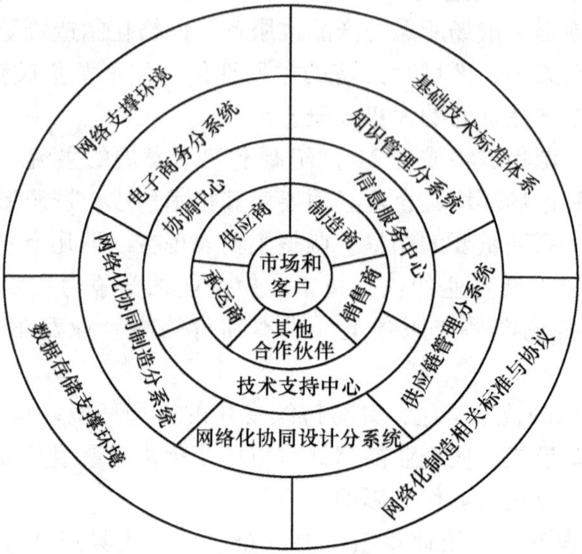

图 1-4　网络化制造资源集成体系结构

息服务中心为联盟成员提供公共信息的存储、发布和查询服务，如网络联盟企业组织原则、合作伙伴情况（包括技术专长和生产能力等）、任务分配信息、项目和任务进展情况、产品和原材料库存情况等。技术支持中心为网络联盟企业的运作提供技术支持和技术服务，与软硬件供应商、系统集成公司等一起维护网络化制造资源集成的各支撑分系统和功能分系统的正常运行。上述三个中心可以建立在一个企业或组织中，也可以分布在多个企业或组织中。这些中心可以由网络联盟企业中的核心企业建立和维护，也可以委托网络联盟企业外的中立支持中心来承担。

第 4 层是支持业务运行的网络化制造应用系统层，包括电子商务分系统、供应链管理分系统、网络化协同设计分系统、网络化协同制造分系统和知识管理分系统等。电子商务分系统的功能包括产品发布、订单获取、财务管理及相关的电子支付、电子交易流程管理等。供应链管理分系统完成供应链组织、合作伙伴任务分配、协同采购、销售计划管理以及制造过程优化等功能。合作伙伴基于供应链管理分系统发起和组建供应链，并在此基础上完成任务分配和监控，并协调供应商、制造商、分销商和零售商等合作伙伴之间的生产、供应和传递等任务，优化产品制造过程的物流路径，平衡合作伙伴库存，达到降低成本、提高供应链效率和客户满意度的目标，最终使供应链达到整体最优并实现合作伙伴“多赢”。网络化协同设计分系统支持产品制造商与零部件制造商、原材料供应商和设计伙伴甚至客户，通过网络并行和协同地进行产品设计、零部件设计、材料选择、工艺规划、虚拟加工和虚拟装配。网络化协同制造分系统完成网络化制造资源的配置和运行管理，它在网络化集成制造系统中建立相关企业的加工设备、装配设备、检测设备、运输设备等制造资源的数据库，将这些企业及其制造单元作为制造执行代理（Agent）加入系统中，根据制造任务和相关制造数据适时地完成原材料供应、零部件加工、产品生产（加工和装配）等工作，并及时反馈生产信息。知识管理分系统完成公共知识库和专有知识库的建立和管理，维护相关企业、高等院校和研究院所拥有的专有技术、开发能力和人才等信息，以及独立设计人的技术和能力信息，在此基础上支持合作伙伴间的知识有偿共享、技术转让以及合作开发知识的权利共享。

第5层是网络化制造资源集成的基础环境，具体包括涵盖 Internet/Intranet/Extranet 的网络支撑环境、跨地域及异构的数据存储支撑环境（产品数据库、制造资源数据库、基础数据库）、基础技术标准体系（标准、规范、系统体系结构、网络化制造资源集成实施指南）及网络化制造相关标准与协议等，它们共同支撑整个网络化制造资源集成的运行。

1.4 网络化制造的关键技术

网络化的研究与应用实施中涉及大量的组织、使能、平台、工具、系统实施和运行管理技术。对这些技术的研究和应用既可以深化网络化制造系统的应用，同时又可以促进先进制造和信息技术的理论、方法及工具系统的研究和发展。网络化制造设计的技术大致可以分为总体技术、基础技术、集成技术与应用实施技术，如图 1-5 所示。

（1）总体技术。总体技术主要是指从系统的角度研究网络化制造系统的结构、组织与运行方面的技术，包括网络化制造的模式、网络化制造系统的体系结构、网络化制造系统的构建与组织实施技术、网络化制造系统的运行管理技术、产品全生命周期管理技术和协同产品商务技术等。

（2）基础技术。基础技术是指网络化制造中应用到的共性与基础技术，这些技术不完全是网络化制造所特有的技术，包括网络化制造的基础理论与方法、网络化制造系统的协议与规范技术、网络化制造系统标准化技术、产品建模和企业建模技术、工作流技术、多代理系统技术、虚拟企业与动态联盟技术、知识管理与知识集成技术等。

（3）集成技术。集成技术主要是指网络化制造系统设计、开发与实施中需要用到的系统集成与使能技术，包括设计制造资源库与知识库开发技术，企业应用集成技术，ASP 服务平台技术，集成平台与集成框架技术，电子商务与 EDI 技术，Web Service 技术，COM+、CORBA、J2EE 技术，XML、PDML 技术，信息智能搜索技术等。

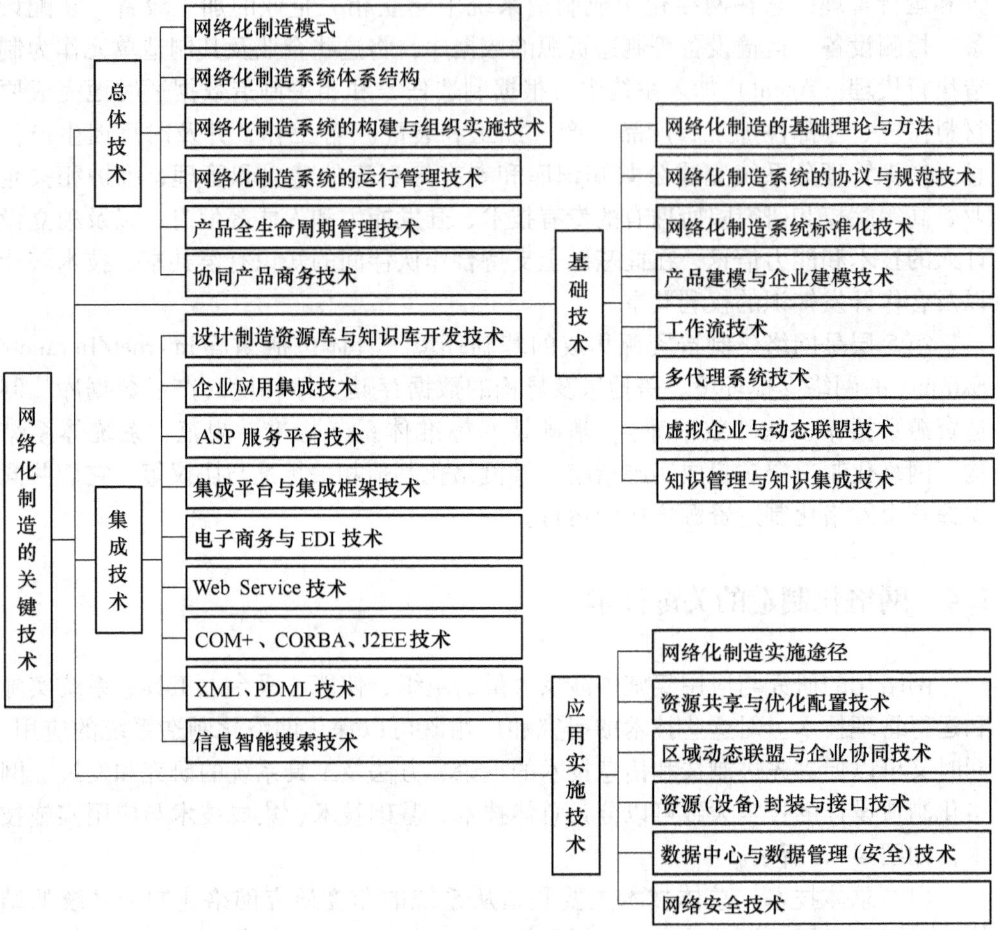

图 1－5　网络化制造的关键技术

（4）应用实施技术。应用实施技术是支持网络化制造系统应用的技术，包括网络化制造实施途径、资源共享与优化配置技术、区域动态联盟与企业协同技术、资源（设备）封装与接口技术、数据中心与数据管理（安全）技术等。

1.5　网络化制造的研究现状及发展趋势

1.5.1　网络化制造的研究现状

1.5.1.1　国外研究现状

网络化制造方面的研究正在全球迅速兴起。围绕网络化制造模式的研究，或者在与网络化制造有关的研究中，出现了一系列新概念、新观点和新思想，如敏捷制造、并行工程、供应链管理、虚拟制造、虚拟企业和动态联盟等等。这些新概念、新观点、新思想无不体现了企业基于网络的制造理念。同时以此为基础的网络化制造的研究和应用也在迅速发展。如近年来出现的美国理海大学"21世纪制造企业发展战略"、美国能源部"敏捷制造使能计划"、美国国防部和科学基金会资助的"下一代制造"、欧洲联盟"第五框架计划"、日本"智能制造技术计划(IMS计划)"和韩国"网络化韩国21世纪计划"等计划，均包含了大量的有关网络化制造的内容。除了上述研究计划之外，其他计划和各方面有关网络化制造的研究也在迅速发展，并已取得了不少研究成果。示例如下所述。

1997年，美国国际制造企业研究所发表了《Russian-American Virtual Enterprise Network, RA-VEN》(俄罗斯-美国虚拟企业网)研究报告。该研究报告依托美国国家科学基金研究项目，目的是开发一个跨国虚拟企业网的原型，使美国制造厂商能够利用俄罗斯制造业的能力。从更大意义上讲，作为全球制造基础框架一部分的美俄虚拟企业的建立与发展起到了实现全球制造的示范作用。2001年美国标准技术研究院通过"先进技术计划"(ATP)资助500万美元用以建立网络化制造的安全框架。该项目旨在建立一个柔性防火墙，防火墙采用分布式体系结构，可以防护任何网络化制造体系所涉及的设备，大至一个企业的服务器，小至一个内嵌的传感器。"虚拟企业信息交换项目(VFIP)"是美国国家电子制造协会(NEMI)领导的工厂信息系统的一个研究项目。该项目涵盖OEM(原始设备制造商)和EMS(电子制造服务商)供货商之间从板卡生产到最终组装过程的双向信息交流，其重点是工程技术与制造数据的交流。该项目已于2001年完成。另外，许多高校也在从事网络化制造的相关研究。例如，美国加州大学伯克利分校的集成制造实验室建立了世界上第一个基于环球信息网的设计和制造系统；英国剑桥大学正在进行"全球制造虚拟网络(GMVN)"研究；Wisconsin-Milwaukee大学Jayle教授主持的IMS中心提供了一种网络化制造的实验平台。许多公司也在研发网络化制造相关的技术支持产品。例如，美国e制造网络有限公司(e-Manufacturing Networks Inc.)是首家将机械设备与互联网联系在一起的公司，该公司开发的软硬件一体化因特网络机械设备可实现异地实时设备资源利用、供应链自动化集成、生产过程在线实时监控、远程设备诊断与维护等功能。美国MDS有限公司开发的软件系统Open CNC5.1可实现数控机床设备通过车间局域网或因特网直接与企业资源计划(ERP)、生产计划系统或设备维护系统相集成。

1.5.1.2 国内研究现状

国内在网络化制造方面也做了大量研究工作，国家自然科学基金、国家863计划、国家"九五"科技攻关计划确立了不少研究课题，取得了不少研究成果，其中比较典型的研究课题[3]如下。

（1）分散网络化制造系统（DNPS）。国家“十二五”期间建成国家分散网络化制造资源网，建立了一批应用示范系统，为提高制造资源的利用率、实现制造资源的共享、提高企业对市场的反应速度、增强制造业的国际竞争力提供了理论框架、系统框架、实施方法与步骤以及推广应用经验。

（2）现代集成制造系统网络（CIMSNET）。CIMSNET是面向制造业的全国性虚拟网络，是“九五”期间863/CIMS主题的重大项目之一，是为适应制造业发展趋势而建设的一个以高技术为依托、面向制造业的专业性、分布式和应用型网络系统。该系统已于2000年1月建成投入运行。

（3）区域性网络化制造系统。1998年，重庆大学在国内较早地提出了“区域性网络化制造系统”的概念，并于2000年承担了国家863项目“区域性网络化制造系统及应用示范工程预研项目”。国家“十三五”已将现代集成制造系统主题调整为“区域网络制造系统”，并根据“效益驱动、总体规划、分步实施、重点突破”的指导思想，对区域性网络化制造系统应用平台进行了总体规划和系统设计。

综上所述，网络化制造方面的研究正在全球迅速兴起和蓬勃发展。总结起来，现有研究主要集中在以下技术或技术群方面，其中各技术群所包括的若干技术具有相对的功能独立性。

（1）基础支持技术：包括网络技术和数据库技术等开展网络化制造的基础支持技术。

（2）信息协议及分布式计算技术：包括网络化制造信息转换协议技术、网络化制造信息传输协议技术、分布式对象计算技术、Agent技术、Web Services技术及网格计算技术等。

（3）基于网络的系统集成技术：主要包括基于网络的企业信息集成、功能集成、过程集成技术和企业间集成技术，面向敏捷制造和全球制造的资源优化集成技术，产品生命周期全过程信息集成和功能集成技术以及异构数据库集成与共享技术等。

（4）基于网络的管理技术群：主要包括ERP/URP（联盟资源计划）、虚拟企业及企业动态联盟技术、敏捷供应链技术、大规模定制生产组织技术以及企业决策支持技术等。

（5）基于网络的营销技术群：主要包括基于Internet的市场信息技术、网络化销售技术、基于Internet的用户定制技术、企业电子商务技术和客户关系管理技术等。

（6）基于网络的产品开发技术群：主要包括基于网络的产品开发动态联盟模式及决策支持技术和产品开发并行工程与协同设计技术、基于网络的CAD/CAE/CAPP/CAM技术及PDM技术、面向用户的设计/用户参与的设计/虚拟产品及网络化虚拟使用与性能评价技术、设计资源异地共享技术和产品全生命周期管理（PLM）技术等。

（7）基于网络的制造过程技术群：主要包括基于网络的制造执行系统技术、基于网络的制造过程仿真及虚拟制造技术、基于网络的快速原型与快速模具制造技术、设备资源的联网运行与异地共享技术、基于网络的制造过程监控技术和设备故障远程诊断技术等。

1.5.2 网络化制造的发展趋势

网络化制造的相关技术群有机结合，形成了网络化制造的技术体系，网络化制造研究发展趋势分析国内外已有研究，总结如下：

（1）网络化制造系统的空间范围不断发展，全球化网络化制造系统正在形成。实施网络化制造所形成的制造系统称为网络化制造系统。例如早期的计算机集成制造系统可看作是基于企业网的企业内部网络化制造系统。目前，网络化制造已从基于 Intranet 走向了基于 Intranet/Internet 或 Intranet/Extranet/Internet 的集成，已从企业内部走向了企业外部，并在迅速走向全球，全球化网络化制造系统正在形成。全球化网络化制造系统目前有两类突出案例值得一提：一类是不少跨国公司利用网络化制造技术进行全球化产品开发、生产组织和市场运作，这使其如虎添翼，得到迅速发展，并形成全球化网络化跨国集团；另一类是针对某一市场机遇，在全球化范围内动态选择合作伙伴，形成全球化虚拟企业。

（2）网络化制造中信息交换标准协议研究的重要性日益突出。由于网络化制造的全球化趋势正在形成，作为网络化制造基础之一的信息交换标准协议的重要性日益突出。目前与网络化制造相关的部分信息交换协议已经出现，例如联合国负责政策与技术发展的机构 UN/CEFACT 组织与国际非盈利性标准联盟 OASIS 正式批准了全球电子商务的新标准——ebXML 等。但整个网络化制造标准协议规范还远远不够，并且有些标准还在讨论之中，因此网络化制造中的信息交换标准协议还需要深入研究、开发和发展。

（3）网络化产品协同开发仍将是今后相当一段时间内网络化制造的重要研究课题。网络化制造涉及的技术问题多且内容复杂。前面所述的网络化制造技术体系中许多技术问题都有待于深入研究和解决。

1.6 面向产品全生命周期的网络化集成制造系统

目前国内外对网络化制造进行了大量的研究，如动态联盟、个性化订制与协同设计以及分散网络化制造等。但大部分研究集中于理论层面，应用成功的典型系统还不多见。企业应用的一些网络化制造系统的功能还比较单一，仅局限于产品的个性化订制，如设计参数网上录入、产品设计图、照片网上发布等简单的功能，并未做到真正意义上的网络化制造。

开发由订单到项目管理、业务流程优化、生产管理、质量管理、目标成本管理、供应链管理和客户关系管理等整个产品生命周期的全过程管理的系统应用平台，完成开发、设计、加工、装配、生产服务、配送、售后服务等功能的面向产品全生命周期的网络化集成制造系统对丰富和完善网络化制造的理论体系、增强网络化制造技术的实用性具有十分重要的理论与实际应用价值。

因此，在相关项目的基础上，东北大学网络化制造研究中心提出了“面向产品全生命周期的网络化集成制造系统”的研究目标，并希望研究成果为网络化制造理论的完善与发展做出贡献，为网络化制造理论的实际应用提供典型范例，切实提升企业的制造水平、降低产品的制造成本，提高企业的市场竞争力。

东北大学网络化制造研究中心提出的“面向产品全生命周期的网络化集成制造系统”的主要功能如图 1 - 6 所示，简要介绍如下。

（1）产品设计子系统。设计人员经过身份验证进入产品设计子系统进行产品开发、协同设计与在线技术服务。系统采用 Auto CAD 2004 进行产品二维设计、采用 UG NX2.0 进行产品三维设计，采用 MATLAB R13 进行零部件的结构分析与运动仿真。设计好的图纸须负责人审核和签字，并反馈审核信息。产品所有零件图、装配图通过总设计师签字后存入电子图库，可以被其他获得授权的人员查阅、浏览和打印输出。

（2）工艺制定子系统。工艺编制人员经过身份验证进入工艺制定子系统进行产品工艺编制与在线技术服务。只有经审核合格的工艺文件方可存入工艺电子文档库。只有存入电子文档库的工艺文件方可被其他获得授权的人员或设备浏览或调用（G 代码）。

（3）生产计划子系统。通过该系统下达年生产计划、季度生产计划和月生产计划；调整年度、季度和月份生产计划；下达物料的年度、季度和月份的消耗量；调整年度、季度和月份物料消耗计划。

通过该系统还可完成生产任务调度，将生产任务分配到设计室、工艺室以及车间等相应部门的管理者并逐级下达；在生产过程中可对各部门生产任务的完成情况进行查询，并反馈查询意见；进行外协加工零部件的信息录入与管理。

（4）制造子系统。制造子系统用于管理车间生产流程和生产服务，包括零件热加工、冷加工和产品装配进程管理与控制，技术服务，工具、量具、卡具借用服务。车间调度人员通过该系统录入零部件的加工位置、产品装配状态。工人可通过该系统查询生产任务、物料准备情况，查询工具、量具、卡具借用情况，与设计人员、工艺人员进行技术咨询，浏览零部件的设计图纸、加工工艺文件，浏览产品装配图、装配工艺和装配动画。车间管理人员通过该系统录入零件加工

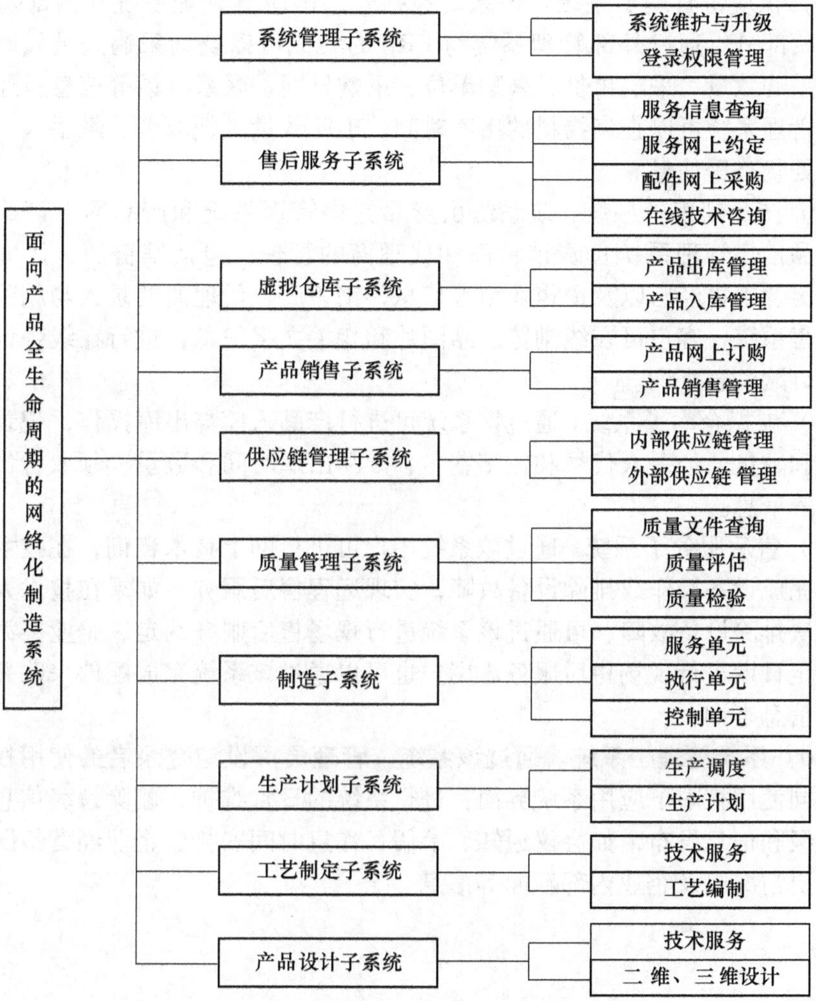

图 1-6 网络化制造系统功能

信息（包括每道工序的加工者代码、完工时间、验收者代码和零件号）和产品装配信息（包括装配者代码、零部件号、完工时间和验收者代码）。物料管理人员通过该系统录入物料（标准件、专用件、外构件）入库信息（品名、入库时间、数量、经手人数字签名）和出库信息（领取者代码、时间、数量、领取者数字签名）。工具管理中心通过该系统录入工具、量具、卡具的借用和归还信息。

（5）质量管理子系统。质检人员通过该系统录入零部件加工检验记录和产品装配检验记录（包括抽检零件号、抽检工序代码、加工者代码、抽检者代码和抽检时间等），还可通过该系统进行质量评估，对加工者和装配者给予不同级别的提示和警告。

（6）供应链管理子系统。该系统包括外部供应链管理系统和内部供应链管理系统两部分。通过外部管理系统与 ERP 的集成可以查询采购人员代码、产品名称、采购数量、采购单价、采购单位、采购日期、联系电话等信息；通过内部供应链管理系统可以查询物料的出库时间、出库数量、领取者、经手人、所在位置、所处状态等信息。

（7）产品销售子系统。该系统由产品销售管理系统和产品网上订购系统组成。产品销售管理系统负责销售商和代理商的管理，包括销售商、代理商的姓名、学历、销售经历以及销售业绩等信息，销售商、代理商的录入与删除。通过网上销售系统，客户可在线浏览产品图片和相关文字信息，进行在线咨询、网上订货和订购信息查询。

（8）虚拟仓库子系统。通过该系统可进行产品入库与出库操作，记录产品入库时间和数量、经手人代号和数字签名、产品出库时间和数量、领取者代号和数字签名等信息。

（9）售后服务子系统。通过该系统用户可进行网上技术咨询，在技术人员的指导下完成设备操作或排除设备故障，实现远程售后服务；如果在技术人员的指导下无法排除设备故障，可通过该系统进行现场售后服务约定，企业会派技术人员按约定日期进行现场售后服务。用户也可以通过该系统完成配件采购并随时进行采购信息查询。

（10）系统管理子系统。通过该系统，管理员可设定登录者的使用权限；初始化不同使用权限下应用系统界面；进行系统的日常维护、删除垃圾信息；负责软件升级和信息发布，如会议通知、节假日作息时间安排、企业经营情况、企业人事变更情况以及企业内部新闻等信息。

2 供应链管理基础

20 世纪 90 年代以来，随着各种自动化和信息技术在制造企业中的应用，制造生产率已被提高到了相当高的程度，制造加工过程本身的技术手段对提高整个产品竞争力的潜力开始变小。为了进一步挖掘降低产品成本和满足客户需要的潜力，人们开始将目光从管理企业内部生产过程转向产品全生命周期中的供应环节和整个供应链系统。另外，随着全球经济一体化和信息技术的发展，企业之间的合作正日益加强，它们之间跨地区甚至跨国合作制造的趋势日益明显。国际上越来越多的制造企业不断地将大量常规业务“外包”（Outsourcing）出去给发展中国家，而只保留最核心的业务（如市场、关键系统设计和系统集成、总装配以及销售）。在这些合作生产的过程中，大量的物资和信息在很广的地域间转移、储存和交换，这些活动的费用构成了产品成本的重要组成部分，而且对满足顾客的需求起着十分巨大的作用。因此，有必要对企业整个原材料、零部件和最终产品的供应、储存和销售系统进行总体规划、重组、协调、控制和优化，加快物料的流动，减少库存，并使信息快速传递，时刻了解并有效地满足顾客需求，从而大大降低产品成本，提高企业效益。

因此，供应链管理（Supply Chain Management，SCM）作为一种新的学术概念首先在西方被提出来，很多人对此开展研究，企业也开始这方面的实践。世界权威的《财富》（Fortune）杂志，就将供应链管理能力列为企业一种重要的战略竞争资源。在全球经济一体化的今天，从供应链管理的角度来考虑企业的整个生产经营活动，形成这方面的核心能力，对广大企业提高竞争力是十分重要的。

2.1 供应链与供应链管理的概念

2.1.1 供应链的概念

供应链的概念最早出现在 20 世纪 80 年代左右，此后，国内外一些研究人员从不同角度给出了不同的定义，但到目前为止没有形成统一的定义。

美国的史迪文斯（Stevens）认为，通过价值增值过程和分销渠道控制从供应商的供应商到用户的用户的流就是供应链，它开始于供应的源点，结束于消费的终点。

Christopher 认为，供应链是一个组织网络，所涉及的组织从上游到下游，在不同的过程和活动中对交付给最终用户的产品或服务产生价值[4]。

哈理森（Harrison）认为，供应链是执行采购原材料，将它们转换成中间产品和成品，并将成品销售到用户的功能网链。这一概念更加注重了供应链的网状关系。

在综合研究文献的基础上，马士华给出的供应链的定义为：供应链是围绕核心企业，通过对信息流、物流、资金流的控制，从采购原材料开始，制成中间产品以及最终产品，最后由销售网络把产品送到消费者手中的将供应商、制造商、分销商、零售商直到最终用户连成一个整体的功能网链结构模式。

由以上定义可见，供应链是一个范围更广的复杂的系统，包括所有加盟的节点企业，是由原材料采购、运输、加工制造、分销直到送达顾客手中的一系列增值活动构成的网链结构，物流、资金流和信息流贯穿其始末。核心企业在供应链中占有重要的地位，是一条供应链的组织者，它与最杰出的企业建立战略合作关系，委托这些企业完成一部分业务工作，自己则集中精力和各种资源，做好本企业具有核心竞争力的关键性业务工作，并实现整个供应链集成和协调。另外，核心企业也是供应链网络的交换中心。来自下游节点顾客的需求信息传递到核心企业之后，核心企业经过分析处理，再把分解后的需求信息传送给上游节点供应商，这是供应链信息流的前馈过程。上游节点供应商把原材料、零部件或产品生产完成后，运输到核心企业的指定地点，核心企业收到货物后，经过处理，将顾客需求的产品送达顾客，这是反馈的物料流。货物送达顾客后，沿着逆物料流方向，顾客向核心企业支付资金，核心企业向供应商支付资金，这是供应链资金流的前馈过程。由此，供应链的结构可以简单地归纳为如图 2－1 所示的模型。该模型描述了供应链的物流、信息量、资金流的流动过程[5]。

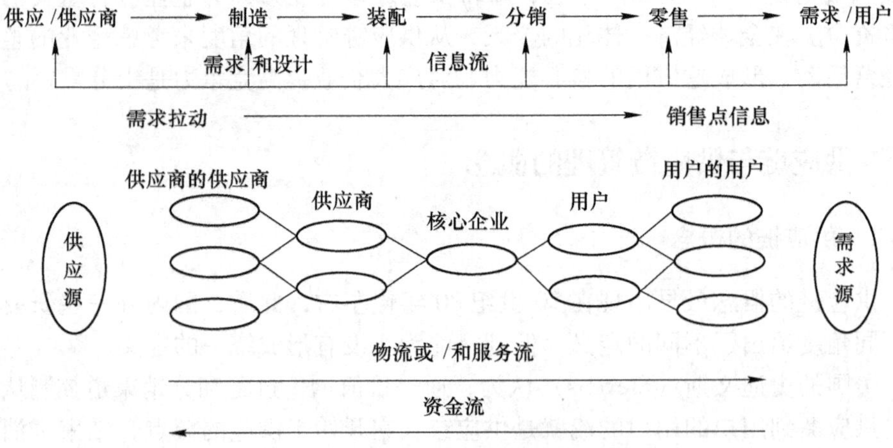

图 2－1　供应链的网链结构模型

2.1.2　供应链管理的概念

同样，供应链管理也没有形成统一的定义。许多学者从不同角度对其进行了定义。

1996 年成立于美国的供应链协会的定义为：供应链管理是为了生产和提供最终产品，包括从供应商的供应商到顾客的顾客所尽的一切努力。该定义进一步描述了供应链管理的四个基本流程：计划、采购、制造和配送。这个定义，强调了供应链管理的范围[6]。

日本的学术团体供应链研究会从顾客的角度出发，将供应链定义为：供应链管理是将整个供应链上各个环节的业务看作一个完整的、集成的流程，以提高产品和服务的顾客价值为目标，跨越企业边界所使用的流程整体优化的管理方法的总称。

伊文斯(Evens)认为,供应链管理是通过前馈的信息流和反馈的物料流及信息流,将供应商、制造商、分销商、零售商直到最终用户连成一个整体的管理模式。

文献［7］认为，供应链管理是在满足服务水平需要的同时，为了使系统成本最小而采用的把供应商、制造商、仓库和商店有效地结合成一体来生产商品，并把正确数量的商品在正确的时间配送到正确地点的一套方法。

这些定义都非常重视供应链中不同组成部分之间的集成，把链上的企业作为一个不可分割的整体。通过供应链管理，企业能够有效配置和优化资源，对市场的需求做出快速响应，降低成本，提高质量和效率，提高企业自身竞争优势和获利能力。

供应链管理主要涉及四个主要领域：供应（Supply)、生产作业（Production Schedule)、物流（Logistics)、需求（Demand)。由图 2－2 可见，供应链管理是

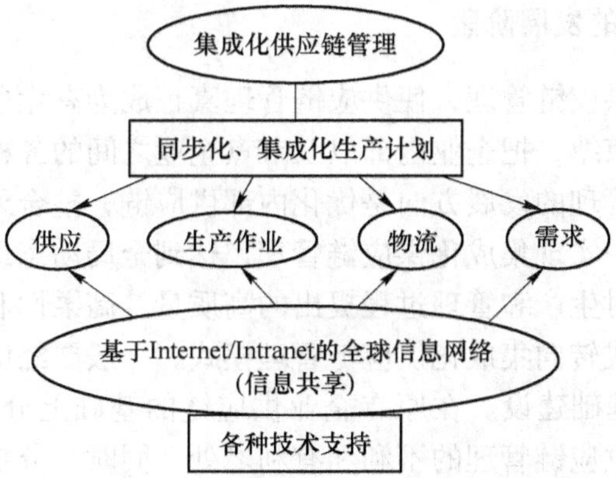

图 2－2　供应链管理涉及的领域

以同步化、集成化生产计划为指导，以各种技术为支持，尤其以 Internet/Intranet 为依托，围绕供应、生产作业、物流（主要指制造过程）、满足需求来实施的。供应链管理的目标在于提高用户服务水平和降低总的交易成本，并且寻求两个目标之间的平衡（这两个目标往往有冲突）。为此要把供应链各个职能部门有机地结合在一起，从而最大限度地发挥出供应链整体的力量，达到供应链企业群体获益的目的。

供应链管理与传统管理模式的不同之处主要在于：

（1）供应链管理把供应链中所有节点企业看作一个整体，涵盖从供应商到最终用户的采购、制造、分销、零售等职能领域过程。

（2）供应链管理强调和依赖战略管理。

（3）供应链管理的关键是采用集成的思想和方法，而不仅仅是节点企业、技术方法等资源简单的连接。

（4）供应链管理具有更高的目标，通过管理库存和合作关系来达到高水平的服务，而不是仅仅完成一定的市场目标。

由此可见，供应链管理是一种集成的管理思想和方法。其核心思想就是以顾客为中心，强调每一个企业都集中精力去巩固和发展自己的核心能力和核心业务，利用自己的优势资源，和其他杰出的企业建立战略合作关系，通过技术程序的重新设计和业务流程的快速重组，不仅大大地提高本企业的竞争能力，而且使供应链上的其他企业都能受益，达到“双赢”（Win-Win）的目的。供应链管理着重强调四个思想：“核心竞争力”的思想、“集成”的思想、“合作”的思想和“双赢”的思想。

2.2　供应链管理的发展阶段及其应用中存在的问题

2.2.1　供应链管理的发展阶段

要成功地实施供应链管理，使供应链管理真正成为有竞争力的武器，就要冲破传统管理思想的束缚，把企业内部以及节点企业之间的各种业务看作一个整体功能过程。供应链管理的发展方向是优化内部供应链，整合外部供应链，形成价值链和网络集合体，实现集成化供应链管理，达到全局动态最优目标，以适应全球竞争环境下市场对生产和管理过程提出的高质量、高柔性和低成本的要求。企业从传统的管理模式转向集成化供应链管理模式，一般要经历五个阶段。

（1）阶段 1：基础建设。在原有企业供应链的基础上分析、总结企业现状，明确企业内部影响供应链管理的不利和有利之处，同时，分析外部市场环境，对市场特征和不确定性做出分析和评价，最后相应完善企业的供应链。在传统型的供应链中，企业组织结构比较松散，职能部门独立地控制供应链中的不同业务。

（2）阶段2：职能集成。职能集成阶段集中处理企业内部的物流，企业围绕核心职能对物流实施集成化管理，对组织实行业务流程重构，实现职能部门的优化集成，以提高职能部门之间的合作。职能集成强调满足用户的需求。事实上，用户需求已经成为驱动企业生产的主要动力，而成本则在其次，但这样往往导致第二阶段的生产、运输、库存等成本的增加。在该阶段，企业需要构建新的交叉职能业务流程取代传统的职能模块，以用户需求和高质量的预测信息驱动整个企业供应链的运作。因满足用户需求而导致的高服务成本是此阶段管理的主要问题。这一阶段可以采用DRP、MRPⅡ等系统管理物料活动，运用JIT等技术支持物料计划的执行。同时，企业可以考虑将用户的需求与制造计划和供应商的物料流同步化，减少不增值的业务，并可以通过广泛的信息网络（而不是大量的库存）来获得巨大的利润。

（3）阶段3：内部供应链集成。该阶段要实现企业内部供应链与外部供应链中供应商和用户管理部分的集成，形成内部集成化供应链。集成的输出是集成化的计划和控制系统。为支持企业内部集成化供应链管理，主要采用供应链计划（Supply Chain Planning，SCP）和ERP系统来实施集成化计划和控制。

本阶段企业管理的核心是内部集成化供应链管理的效率问题，主要考虑在资源优化基础上，以最低的成本和最快的速度生产最好的产品，快速地满足用户的需求，以提高企业反应能力和效率。

（4）阶段4：外部供应链集成。实现集成化供应链管理的关键在于第四阶段，将企业内部供应链与外部供应商和用户集成起来，与主要供应商和用户建立良好的合作伙伴关系，即所谓的供应链合作关系（Supply Chain Partnership），形成集成化供应网链。为实现与外部供应链的集成，企业必须应用信息技术。

此阶段企业要特别注重同战略伙伴的关系管理。管理的焦点要以面向供应商和用户取代面向产品，增加与主要供应商和用户的联系，增进相互之间的了解，相互之间保持一定的一致性，实现信息共享等，企业通过为用户提供与竞争者不同的产品/服务或增值的信息而获利。供应商管理库存（Vendor Management Inventory，VMI）和共同计划预测与库存补充（Collaborative Planning Forecasting and Replenishment，CPFR）的应用就是企业转向改善、建立良好的合作伙伴关系的典型例子。通过建立良好的合作伙伴关系，企业就可以很好地与用户、供应商和服务提供商实现集成和合作，共同在预测、产品设计、生产、运输计划和竞争策略等方面设计和控制整个供应链的运作。对于主要用户，企业一般建立以用户为核心的具有不同职能领域的小组，从而更好地为主要用户提供有针对性的服务。

处于这个阶段的企业，生产系统必须具备更高的柔性，可采用动态用户约束点策略提高对用户需求的反应能力和速度。即企业能根据用户的需求，既可按订单生产（Make-To-Order）、组装、包装（Assemble or Package-To-Oder），又能按备货方式生产（Make-To-Stock）。延迟技术（Postponement）可以很好地实现以上策略。延迟技术强调企业产品生产加工到一定阶段后，等待收到用户订单以后根据用户的不同要求完成产品的最后加工、组装，这样企业供应链的生产就具有了很高的柔性。

（5）阶段5：集成化供应链动态联盟（供应链管理的发展趋势）。完成以上四个阶段的集成后，就构成了一个网链化的企业结构，即供应链共同体，它的战略核心及发展目标是占据市场的领导地位。随着市场竞争的加剧，供应链共同体必将成为一个动态的网链结构，以适应网络化制造环境下的市场变化、柔性、速度、革新、知识等需要，不能适应供应链需求的企业将被淘汰出供应链联盟。供应链从而成为一个能快速重构的动态组织结构，即集成化供应链动态联盟。企业通过互联网商务软件等技术集成在一起以满足用户的需求，一旦用户的需求消失，它也将随之解体。而当另一需求出现时，这样的一个组织结构又由新的企业动态地重新组成。在这样的一个环境中求生存，及时、快速满足用户需求，是企业生存、发展的关键。

集成化供应链动态联盟是基于一定的市场需求和共同的目标而组成的，通过实时信息的共享来实现集成。应用同步化的、扩展的供应链计划和控制系统等工具，以基于 Internet 的电子商务手段取代传统商务手段，是供应链管理发展的必然趋势。集成化供应链与电子商务融合而成的电子供应链，是实现动态联盟成员间连接和价值链集合体与目标终端用户连接的重要手段，必然是未来企业经营运用的成功模式。

2.2.2　供应链管理应用中存在的问题

供应链管理经过近几年的发展，现已在发达国家企业得到了较为成功的应用，而且随着人们对供应链管理认识的不断深入，供应链管理本身也得到了发展。但从目前情况看，供应链管理在应用方面还存在一些问题，主要表现在：

（1）战略规划问题。根据 Deloitte 咨询公司的一项研究报告，目前有 91% 的北美制造企业将供应链管理列入关键或重要管理活动，但其中只有 2% 的企业达到了世界级水平，有近 75% 的企业处在平均及以下水平。造成这种现象的一个主要原因是多数企业缺乏供应链管理战略规划。要想进一步发挥供应链管理的潜在作用，必须将供应链管理作为企业的战略性问题来考虑，而不能仅仅将其视为一种战术性的操作方法。

（2）操作技术问题。许多企业在供应链管理应用过程中遇到了一些共性问题，对供应链管理绩效产生了较大影响，主要表现在：缺乏应用和集成技术的能力、缺乏协调企业资源的权威、改革关键流程的阻力、跨职能的障碍、缺乏有效度量供应链绩效的评价指标。

（3）信息技术问题。一方面，信息技术本身的安全性需要进一步提高；另一方面，多数企业对信息系统建设投入不足，供应链管理缺乏信息支持平台。没有全面集成信息的能力、缺乏实用性，是现有供应链取得实效的主要障碍。改进整个供应链的信息精度、及时性和流动速度，是提高供应链绩效的必要措施。

（4）应用平台问题。随着网络化制造的发展，供应链管理系统已经成为网络化制造集成平台的子系统。但是，供应链管理系统在网络化制造集成平台的嵌入模式，以及其与集成平台的其他子系统的协同关系及无缝链接仍亟待解决。

（5）供应链管理的建模与优化问题。供应链管理的建模与优化，特别是其中关于供应链优化、控制问题的研究已经引起信息、管理与控制领域的极大关注。文献［8］综述了供应链建模与优化分析工作。文献［9］从诸多方面总结了供应链建模中的问题，特别涉及了供应链中合同、信息、产品和全球化的优化、控制问题。文献［10］探讨了供应链建模中联结问题。文献［11］总结了供应链中生产系统计划、供应链中合作问题的模型。文献［12］深入总结和分析了供应链中供需双方的基本模型。文献［13］总结了买方－卖方协调、生产－分销协调、库存－分销协调三类协调问题，以及用于支持战略决策制定的供应链模型。文献［14］深入研究了不确定性条件下供应链的生产、装配和销售计划问题。文献［15］综述了网络环境下，运筹学研究在供应链和电子交易市场（E-lectronic Markets）中的应用和机会。文献［5］研究了网络环境下，电子商务与供应链相结合的定量模型。文献［16］深入总结了有关数量折扣在渠道协调中激励作用的研究。上述文献可以说是对20世纪90年代中期以来，供应链模型与分析工作的总结。近年来，国内学者也开展了供应链系统模型与优化、对策分析工作，文献［13～15］和文献［17～20］反映了国内这一领域理论分析应用的状况。供应链管理理论研究实际上是在传统的物料管理的基础上逐渐扩展而来的。供应链管理实质上是对于现代物流的控制，它既包括企业内部关于生产运作的资源优化与控制，也考虑了企业外部——整个供应链中的集成化、信息、产品管理、电子供应链等问题的研究。因此，有关供应链研究领域的定量化模型研究主要分为生产运作管理模型和供应链管理模型两大部分。供应链管理建模及其优化的系统方法和手段是运筹学、控制理论和信息技术。

2.3 供应链优化控制研究现状

目前供应链优化研究领域已积累了大量文献，内容广泛。本书在研究这些文献后，总结出以下供应链优化问题的主要研究方向。

2.3.1 库存控制

供应链管理环境下的库存控制问题是供应链优化中的重要内容之一。事实上，对供应链管理的研究最初就是针对这一问题的。库存就是企业生产和物流渠道中各点堆积的原材料、供给品、零部件、半成品和产品。持有这些库存每年耗费的成本合其价值的 20% ~40%，供应链渠道中的资金占用主要在存货上，因此，对库存进行有效控制具有重要的经济意义。库存决策的内容集中于运作方面，包括生产部署策略（如采用推式生产管理还是采用拉式生产管理）、库存控制策略（如各库存点的最佳订货量、最佳再订货点、安全库存水平的确定）等。

供应链中的库存问题是复杂的关系，为了适应供应链管理的要求，根据国内外企业实践经验及理论研究成果，供应链管理领域已经提出了几种先进的供应链库存管理技术与方法，包括供应商管理库存策略（Vendor Managed Inventory, VMI）、联合库存管理、多级库存优化与控制。

长期以来，有关库存管理的定量研究也在不断深化[21~36]。对库存问题的研究可以从不同的角度进行分类，可以分为确定性和随机性库存问题、静态和动态库存问题、单级和多级库存问题。大多数已有的供应链模型都是基于确定性的假设进行分析的，但是实际的供应链库存系统中有很多不确定性因素，不确定性是引起供应链管理困难的主要原因之一。供应链中的不确定性主要来源于供应、制造和需求三个方面，主要包括供应商可靠性、运输渠道可靠性、需求不确定性、价格波动、汇率变动等。供应的不确定性主要是以提前期的不确定来体现的。三个不确定性的来源中，最难控制的是需求的不确定性。因此随机性库存问题主要研究在随机性需求、随机性提前期等条件下如何确定最优订货量和安全库存的问题。

在库存管理研究的初始阶段，学术界主要关注的是单级库存决策问题，定量订货和定期订货是经典的库存研究问题。多级库存管理研究始于 1960 年 Clark 和 Scarf 的研究[37]，两位学者将多级库存进行分解，以此确定系列多级结构的最优策略。从那以后，很多学者一直致力于从不同角度对多级库存系统的研究。总结起来，多级库存系统的研究主要有生产 - 库存系统、库存 - 分销系统、生产 - 库存 - 分销系统、库存分配问题。进入 20 世纪 90 年代以后，在分析技术上更多的是对带有随机因素的多级库存管理系统进行研究，以更好地分析现实情况。但是，多级库存系统中各级实体之间的复杂关系使得为整个系统寻找最优库存策略很困难[38]，本书在这方面做了许多工作。

2.3.2 信息传递

供应链中的信息用于描述组织之间的连接（Linkage）特性。信息的传递形成信息流。信息在供应链管理的研究与应用中起着决定性的作用，直接影响供应链的运作绩效。在以顾客为中心的供应链管理中，每个成员的行为相互影响，每个成员在做决策时都在利用来自下游企业的信息进行预测和向上游企业订货。

绝大多数的理论模型都是基于信息完全共享、信息流通无阻的假设前提，但现实情况并非如此。20 世纪 90 年代初，美国宝洁公司发现其产品“帮宝适”的最终市场需求很稳定，但从零售商到批发商的订货波动却很大，向供应商定购原材料的波动更加惊人。人们称这种从供应链下游向上游的信息传递中，产品需求量波动远远大于实际市场销售量波动的现象为“牛鞭效应”[39]（Bull-whip Effect）。牛鞭效应是供应链中由于信息不完全共享、信息曲解而造成的需求波动增大现象，这是供应链整体效率低下的重要原因。

文献［40］提出，由于时间延迟、批量订货、提前购买，供应链本质上会导致下游向上游的需求放大而带来成本增加的结果。Metters（1996）发现，消除牛鞭效应可以使利润增加 10% ~30%，由此得出结论——供应链协调、信息共享将使双方利润都增加并有利于增加给顾客带来的价值。文献［41］中美国斯坦福大学的 Hau L. Lee 对这种需求放大的牛鞭效应现象进行了深入的研究，把其产生的原因归纳为五个方面：需求预测、供应短缺、提前期、订货批量决策、价格波动，针对这些原因可以通过提高信息共享程度、降低订货量、缩小价格变化、更多地依靠过去的销售情况而非订单的方法来减弱牛鞭效应的负面影响。文献［42］设计了“啤酒游戏”的案例，并认为牛鞭效应是参与游戏的人的非理性行为和对反馈信息错误理解造成的。文献［43］在由一个制造商和一个零售商组成的简单的两阶段供应链中对牛鞭效应进行了定量化研究，模型中考虑了通常假定的引起牛鞭效应的两个因素，即需求预测和订货提前期，并证明了牛鞭效应通过需求信息共享可以减弱但不能完全消除。

2.3.3 协调控制

随着市场全球化进程的加快和竞争压力的增加，供应链中各成员开始认识到，供应链中具有一致的目标和利益的企业之间在一定的时期内结成共享信息、共担风险、共同获利的高度协调关系，集成、协调各方的关系，有助于提高整体竞争优势。

在众多文献中，协调的变量与方法主要是产品价格，除此以外，还有购买量、灵活订货、配货原则、提前期、信息等。文献［44］在协调机制的研究上做了大量的工作；文献［45］检验了制造商与供应商之间的信息不对称对协调动态的影响；文献［46］综述了在两阶段库存方面运用数量折扣进行协调的文献，将学术界在这方面开发的模型分成四种：联合决定经济批量策略模型、买方和卖方同时决定订货量模型、订货量非同时决定的整体模型、考虑市场营销决策的买方与卖方协调模型等。文献［47］用网络流模型来研究供应链的协调，建立了不确定情况下的供应链协调模型，在使生产和销售成本最小的条件下，确定供应链中成员的数量和相应的产量、销量。文献［48］中把供应链分为中心控制（Central Control）结构和非中心（Decentralized Control）控制两类：如果由单一决策者利用全部信息进行决策使得供应链整体利润最大，则这时的供应链具有中心控制结构；如果无法凭借某一方的单独决策得到整体最优值，这时称为非中心控制结构。

由于供应链全局的协调问题需要涉及链上的所有企业，供应链的复杂性使得对供应链进行全局的协调优化困难重重，因此，对供应链合作与协调的研究较多地集中在供应链局部协调与优化问题上。这些研究从建模的角度看，通常包括确定型分析模型（变量已知且是确定的）、随机分析模型（变量未知但假设服从某一分布）和仿真模型。

在供应链中，核心企业占主导地位，一般由它来对整个供应链进行组织、协调和控制，而成员企业则处于从属地位。核心企业的决策会影响成员企业的利益。反之，成员企业在核心企业给出决策后，也会从自身利益的角度出发作出自己的最优决策。成员企业的这种决策对核心企业的利益也会产生影响。所以，核心企业和成员企业二者之间是相互影响制约的主从对策关系。因此，可以使用斯坦克尔伯格（Stackelberg）主从对策方法来解决二者之间的问题。

Stackelberg 主从对策的思想与方法同样适用于供应链管理。在供应链中，核心企业是供应链的组织者，它对整个供应链进行组织、协调和控制。但是，与单一组织内部的管理不同，由于供应链上的企业都是独立的利益主体，都有自己的决策目标和决策变量，不能以直接的支配或命令的方式进行协调，因此往往需要给成员企业一些激励措施，以促使成员企业接受核心企业的协调策略，从而提高核心企业乃至整个供应链的绩效。此时，核心企业首先提供协调策略，然后成员企业决定是否接受，并反作用于核心企业，这样，二者之间的关系可以用 Stackelberg 主从对策方法来描述。在供应链管理的文献中，常用的核心企业或主方提供的激励方法有价格折扣、订货数量、灵活订货、配货原则、信息共享等。

2.3.4 全球供应链

近年来国内外学者关于全球化供应链也进行了大量的研究。与以往的所有供应商、制造商和销售商都集中在一个国家内的国内供应链相比，全球供应链管理的研究要复杂得多，供应链中的供应商、制造商和销售商分布在多个国家，需要考虑更多的因素。文献［49］在文献基础上，总结了建立全球供应链比建立国内供应链需要额外考虑的主要因素。文献［50］利用网络流模型研究了全球供应链中的成员选择问题。文献［51］的全球供应链模型是大规模非线性的 MIP 随机模型，考虑汇率、市场价格和各国利率的变动，目标是使税后利润的期望值最大，但是该模型未考虑多产品、多运输渠道、多供应商、多层次销售网络、库存成本等因素。文献［52］提出了跨国公司运作的标准模型框架，模型考虑了对供应链中成员选择、生产能力、产品组合、物流、现金流的决策，模型框架中包括随机供应链网络流模型、资金流模型、随机汇率模型和需求模型。文献［53］为DEC公司建立了一个多阶段、多产品的全球供应链MIP模型，该模型的目标函数中考虑了成本和时间的加权和。该模型的优点在于在目标中考虑了满足顾客需求的时间、在约束中考虑了物料需求平衡，因为这对于企业，尤其是装配型的企业来说是非常重要的。虽然全球供应链模型比较接近实际，但是全球供应链模型比区域（国内）供应链模型更加复杂和难以求解。

2.3.5 供应链合作伙伴关系

文献［5］中供应链合作伙伴关系（Supply Chain Partnership）是指：在供应链内部为保证实现某个特定的目标或效益形成的、两个或两个以上独立的成员之间的一种协调关系，是在一定时期内的共享信息、共担风险、共同获利的高度协调关系。建立供应链合作伙伴关系的目的在于，通过提高信息共享水平，改善相互之间的交流，保持伙伴之间操作的一贯性，减少整个供应链产品的库存总量，降低成本，产生更大的竞争优势，以实现供应链节点企业的财务状况、质量、产量、交货、用户满意度和业绩的改善与提高。供应链合作伙伴关系具有更高层次的整合、更广的合作范围、更持久的合作效果、更好的协调性、更高的相互信任程度的优点。但是，建立供应链合作伙伴关系也会带来风险，一个伙伴的失败或不合作可能导致整个供应链处于非有效运转状态，造成巨大的损失，所以对合作伙伴的选择与评价就成为非常重要而且关键的问题。文献［54］从性质、概念和运作研究的角度对供应链合作伙伴关系进行了系统地文献回顾。文献［48］说明供应链合作伙伴关系的潜在效益，往往在建立合作伙伴关系后三年左右甚至更长的时间后才能转化成实际利润或效益。文献［55］分析企业可能高估了合作伙伴关系能带来的好处而忽视了潜在的风险，因此建议对传统的供应关系与合作伙伴战略进行深入的对比研究。文献［56，57］提出了建立合作伙伴关系的实施步骤。

在实践中，很多企业通过实施供应链合作伙伴关系取得了可喜的绩效。文献［58］中分别列举了制造商与零售商、制造商与经销商建立合作伙伴关系带来竞争优势的例子。文献［59］详细说明了卡特彼勒公司与其分散在世界各地的186家经销商如何建立长期战略合作伙伴。

2.3.6 绿色供应链

当今社会，环境已经日益成为社会经济发展的一个关键因素。在此背景下，美国国家科学基金会于1996年提出了绿色供应链（Green Supply Chain Management，GSCM）。绿色供应链管理又称环境意识供应链管理，它考虑了供应链中各个环节的环境问题，注重对环境的保护，促进经济与环境的协调发展。关于绿色供应链管理的确切定义，目前理论界还没有一个统一的表述，但总的观点是指在供应链管理的基础上，增强环境保护意识，把“无废无污”和“无任何不良成分”及“无任何副作用”贯穿于整个供应链中，这就是绿色供应链管理。绿色供应链管理的内容十分丰富，它涉及供应链的各个环节，其主要内容包括绿色设计、绿色材料的选择、绿色制造、绿色包装、绿色营销、绿色消费、绿色回收，其核心在于引入全新的设计思想，对产品从原材料购买和供应、生产、最终消费直到废弃物回收再利用的整个供应链进行生态设计，通过链中各企业内部部门和各企业之间的紧密合作，使整条供应链在环境管理方面协调统一，达到系统环境最优化[60]。

2.3.7 选址与生产分销计划

选址与生产分销计划涉及供应、制造和分销/销售三个阶段，是供应链管理中的重要问题。在以顾客为中心的供应链管理中，JIT 生产与 JIT 采购是重要的问题。为了满足一定的顾客服务水平下的产品市场需求，需要设计出使年度经营成本最低的公司生产与分销网络结构，这需要进行如下方面的决策[61]：

（1）供应链中所采用的制造工厂及仓库的数目、地址、能力以及类型。

（2）选择原材料供应商。

（3）采用何种物资运输渠道与运输方式。

（4）在供应商、工厂、仓库与用户之间原材料及产品的生产量与运输量。

（5）在供应链各环节或各地点的原材料、中间产品及成品的库存量等等。

目前，在解决选址与生产分销计划的优化与决策问题时，所采用的优化技术主要有混合整数规划方法、动态规划方法、排队论和网络流模型等。选址模型可以是静态的或动态的。静态选址模型将需求量（材料流动）作为常数。多数选址模型是静态的，并且它们的输入数据（如需求量和距离）是固定的常数。动态选址模型将需求量（材料流动）作为时间上的变量。

生产分销计划很早就引起了人们的重视和研究的兴趣，最早其研究局限于企业生产运作方面，近年来随着经济全球化、竞争的日益激烈和信息技术的飞速发展，生产分销计划的研究已经拓展到了从整个供应链的视角来考虑多个相关阶段的决策和整体优化。很多供应链生产分销计划文献都表示成混合整数规划模型[49]，目标函数是利润最大或生产和销售成本等成本最小，用整数变量表示供应链中成员的选择、生产技术的选择、运输方式的选择等，用连续变量表示供应链中各成员的能力、各种资源的分配等，用约束表示供应链中的物流平衡关系和供需关系等。如文献［62］建立了一个混合整数规划模型，模型允许增加或减少供应链中的成员数量，并考虑设备在供应链各成员间的分配。文献［63］建立了一个多阶段、多产品、多层次的供应链混合整数规划模型，研究了正态分布需求、随机顾客服务时间情况下的仓库选址、销售渠道选择等。文献［64］针对网络化制造环境下供应链生产、运输能力动态变化问题，以最小化成本快速响应市场动态变化为目标，建立了一个包括供应商、制造商、销售商在内的战略能力规划模型。近年来我国很多研究人员对此领域也做了大量的研究，提出了很多选址与生产分销计划方面的想法与模型[65~71]。

2.3.8 委托与代理

委托－代理问题是由当事人各方的信息不对称引起的。有效的供应链管理需要供应链中各成员的相互合作，但是，由于实际的供应链往往是由具有不同利益目标的成员所构成的，因此在供应链成员之间占有信息不对称、信息为各个成员所私有时，出于自身利益的考虑，成员通常会保留某些私有信息，或故意隐瞒、谎报数据，从而引发委托－代理问题。其中拥有信息的一方称为代理方，缺乏信息的一方称为委托方。对于委托人如何影响代理人的问题，目前研究大多把注意力集中在激励契约的设计上。当关于代理人的信息不完备时，委托人将某项任务授权给具有和自己不同目标函数的代理人就会带来很多问题，这就是激励问题的起源。当代理人具有私人信息，而委托人无法完全监控代理人的行为时，激励就成为影响代理效率的一个核心问题[72]。委托人作为机制设计人设计某一激励契约以诱使代理人从自身利益出发选择对委托人最有利的行动[73]。一般情形下，信息不对称构成了委托人实施帕累托（Pareto）最优资源配置的主要障碍。

2.3.9 集成供应链

集成供应链管理（Integrated Supply Chain Management，ISCM）克服原有的采购、生产、销售之间的障碍，将企业内、外供应链集成起来，力求达到整个供应链全局的动态最优目标[74]。集成供应链管理以系统的观点把握供应链管理的实质，无论是在理论模型的构建还是在关键技术的开发上都很值得深入研究。

供应链管理的工作可以分为信息和运营功能两类。前者关心供应链网络中成员之间共享信息的质量和可获得性。后者主要包括生产计划、库存控制和产品分发三个方面。因此供应链集成化模型的工作主要集中在信息集成和运营集成两个方面，而由于信息的高度不确定性，信息集成相对更难以处理。

（1）信息集成。供应链管理中的信息集成就是要对在供应链中各商业单位之间流转的信息进行收集、集成和分析。信息集成主要用于减少市场需求的不确定性和模糊性对供应链整体效力的影响。衡量信息集成优劣的一个重要指标就是牛鞭效应。牛鞭效应是供应链中的需求信息从供应链的一端到另一端被扭曲失真放大的现象。1997 年，Lee 首先提出牛鞭效应的概念，认为订单形式传送的信息会被扭曲，误导上游成员生产和库存决策，导致过多的库存和劣质的客户服务。实际上，早在1961 年 Forrester[75]对于物流系统中需求放大现象已经做过观察记录。减弱牛鞭效应的初步考虑，也是基于 Forrester 的工作。文献［76］中分析了牛鞭效应问题来自需求预测、批量定购、价格波动和产品配给及短缺策略。为了减少牛鞭效应，作者提出：

1）让公司减少对需求的过度预测，这种过度预测会导致定购数量的波动。

2）大批量的定购应该拆分成小批量的订单，使用频繁供应来解决。和即时系统概念相似，小批量订单可以减少库存量，也减小了每批订单对系统的影响。

3）推荐采取频繁降价和价格打折策略。在不变的价格下，每个公司没有理由让客户大批量订货，降价可以用降低的系统库存费用来填补。

4）在产品短缺时期，应该使用产品配给，根据过去的记录来分配而不是当前的订货单。这可限制零售商夸大其需求。文献［77］研究了通过采用 Internet 协作工具，供应链潜在的发展可能，并提出一个模型来展示协作的需求预测和整个供应链中库存的可观测性将大大提高供应链的效益（产能）和效率（服务水平），同时大大抵消供应链中的牛鞭效应。此模型主要研究如何有效地在供应链的离散节点间进行集成工作，即在这些节点间共享相应信息以使整体的生产计划协作更有效。

(2) 运营集成。在供应链中，大部分产品在送达到最终顾客之前，通常需要通过三个主要的商业运营层次：供应商、生产者和零售商。供应链运营集成化的实质是供应、制造、销售一体化系统最优化。对于供应生产、生产分销、库存分销等的研究已经进行。这些研究大多还是关注于供应、生产、销售等系统中的局部或某个部分，如采购、生产、运输和计划等。供应链管理注意到每个节点的供应商、顾客、产品、库存管理方法、采购和渠道分配等问题。因此，运作层到战略层的模型集成和优化成为局部生产运作到整体供应链管理过程中的重要阶段和方法。运作层到战略层模型集成优化问题已经引起人们很大关注。文献［78］研究了供应链中几个独立阶段即供应商、工厂、分销中心、顾客的模型。在运作层考虑了不确定性，如研究需求、生产提前期、供应提前期等条件；在战略层考虑了供应链节点资源配置和物流的优化。运作层和战略层的联结则用多目标方式来解决的。文献［79，80］研究了供应、制造、销售一体化的优化和控制问题。

2.3.10　电子商务供应链

电子商务带来了一场由技术手段飞速发展而引发的商业运作模式的革命，传统经济活动的生存基础、运作方式和管理机制均发生了彻底改变，传统的市场理念也面临巨大的冲击。蓝伯雄认为，电子商务对供应链的影响表现在以下几个方面：动态联盟的系统化管理、生产两端的资源优化管理、不确定性需求的信息共享管理及生产的敏捷化管理[18]。汤萱通过分析电子商务及供应链管理的基本原理，系统阐述了两者整合的体系结构，对电子商务与供应链整合机制进行了研究，提出了电子供应链管理机制模式，分析了电子商务与供应链管理整合的必要性及整合机制实现的途径[1]。

综上所述，供应链优化的目的就是要解决供应链实施过程中出现的管理组织和信息技术上的问题。其目标就是使供应链系统更有效率，更能提高企业核心竞争力，具体包括以下几个方面：

（1）管理方式方法更能提高企业的核心竞争力，能及时反映市场状况并做出及时反应。

（2）信息技术应用合理，具有可扩张性，能很好地同管理手段结合起来。

（3）整个供应链网络配置合理、成熟、开放。

本书正是在前述基础上，着重对企业供应链系统库存优化与控制、供应链合作伙伴关系、电子商务供应链的分形优化、选址与分销计划以及企业内部供应链系统的设施规划与设计等重点领域进行研究。

2.4 供应链优化控制研究的技术手段

当前，供应链优化控制研究技术手段主要包括供应链系统建模、运用各种智能算法求解模型及对所提理论与模型进行系统仿真。

2.4.1 供应链系统的建模技术

建模是优化供应链的主要手段，它能够更好地设计供应链，为供应链管理中的各项分析和决策活动提供支持。供应链系统建模方法经历了从简单模型到复杂模型，从单阶段模型到多阶段模型，从单产品模型到多产品模型，从加工中心模型、车间模型、企业模型、国家模型到国际模型，从确定型模型到随机型模型等的发展历程。目前，不同文献中使用的模型各异，但就常用的建模方法而言，基本可以分为基于运筹学的建模方法、基于控制论的建模方法、基于系统仿真的建模方法和基于企业模型的建模方法。其中基于系统仿真的建模方法主要包括基于方程的建模方法、基于系统动力学的建模方法、基于离散事件仿真的建模方法、基于多智能主体仿真的建模方法等。

2.4.1.1 基于运筹学的建模方法

基于运筹学的建模方法一般使用排队论模型、网络流模型、策略评价模型、整数规划模型、混合整数规划模型、博弈论模型、统计分析和传统的优化方法来描述和求解问题。模型可以覆盖供应链管理中的所有领域，主要用于策略性决策。求解的方法主要有分支定界法、Lagrange 松弛方法、Bender 分解方法和行因子化方法等。基于运筹学的建模方法的应用在过去较为普遍。

排队论模型主要用于研究生产企业在平稳生产状态下的情况，如各个设备或车间等的输出率等，并对资源分配进行优化，如合理安排各个设备的加工任务、合理安排人员的加工任务等，以达到提高生产效率的目的。

网络流模型主要用于研究供应链中成员的选择、布局以及供应链的协调问题。网络提供了一种描述供应链结构的方法，用网络流模型来表示一个供应链有其独特的优点，它能很方便地表示供应链中各种活动的先后次序。使用网络设计方法建立供应链模型主要存在两方面的问题：一方面由于用这种方法建立的模型一般规模比较大，因此随着供应链的扩大，考虑范围的扩展，模型的求解也相应变得困难；另一方面它只能考虑确定和静态的问题模型，考虑随机因素的能力十分有限，而随机因素在供应链中几乎无处不在。

策略评价模型主要用于研究供应链在不确定情况下的管理和协调问题。对跨国企业而言，经常会有不确定事件发生，如汇率波动、政府政策改变或新技术的发明等。企业会采取各种策略对此做出反应，如调整供应链中成员的数量、采用不同的生产技术等。策略评价模型提供了一种对采取的措施和策略进行评价的方法。策略评价模型一般是随机动态规划模型，目标是使各个时期的期望费用总和最小或总收益最大。

许多供应链模型都表示成混合整数规划模型。目标函数为生产和销售成本等费用最小或利润最大，用整数变量表示供应链中成员的选择、生产技术的选择、运输方式的选择等，用连续变量表示供应链中各成员的能力、各种资源的分配等，用约束表示供应链中的物流平衡关系和供需关系等。

在供应链系统的研究中，博弈论模型常常与运筹学的其他方法相结合，分析供应商与制造商之间、制造商与销售商之间的相互协调问题，如研究制造商和销售商之间的协调、确定制造商和销售商各自的对策、确定产品价格和订货时间等，使他们都能获得比原来更好的收益。例如，Christy 和 Grout 建立了一个经济型的博弈模型[27]，用以描述供应链中采购商和供应商的关系。该模型的基础是一个 2×2 的供应链关系矩阵，用以区分每种关系类型产生的条件。通过该矩阵可以获得由采购商和供应商假设的相关风险。对于矩阵中的每一种风险，Christy 进一步建立了博弈双方关系，并给出相应的解释。国内外学者在对牛鞭效应的研究中，一般都要用到统计分析方法来描述方差放大的现象。

可以看到，基于运筹学的方法一般都需要较强的假设条件与数学抽象（比如统计模型中有关概率分布的假设），由于实际的供应链系统包含了很多复杂的、不确定的因素（如组织、个人等），同时供应链协调本身的复杂性将导致模型的结构十分复杂，现有的数学工具还不能提供获得最优解的途径，这使得运筹学的方法不能很好地解决这一类问题，因而具有很强的局限性。

2.4.1.2 基于控制论的建模方法

基于控制论的建模方法包括离散时间差分方程模型和连续时间微分方程模型，分别对应离散系统和连续系统的建模。这些建模的思想主要是借鉴控制学科的理论，把供应链系统输入与输出的关系用一系列的差分方程或微分方程来描述。这样一来，有很多的控制理论的工具就可以用来分析与研究供应链系统内在的动态特征，比如传递函数、根轨迹图、频域分析等，这是此类方法最大的特点。本书应用了该建模方法。

可以将供应链考虑成为一个理想的多级库存控制系统，如利用以下库存平衡方程组来描述供应链中的供应商：

$$\left.\begin{aligned} x_1(k+1) &= x_1(k) + u_1(k-\theta_1) - d(k) \\ x_2(k+1) &= x_2(k) + u_2(k-\theta_2) - u_1(k) \\ &\cdots \\ x_i(k+1) &= x_i(k) + u_i(k-\theta_i) - u_{i-1}(k) \end{aligned}\right\} \tag{2-1}$$

式中，$d(k)$ 表示第 k 时刻的需求；$x_i(k)$ 表示第 i 时刻在第 i 级的库存水平；$u_i(k-\theta_i)$ 表示第 i 级的订单计划，时间上滞后了 θ_i。

用自动控制原理可以给出其系统方框图及传递函数，进而可以求出使系统稳定的临界值。

以上是采用差分方程描述供应链控制系统的例子，下面是一个使用微分方程描述供应链控制系统的例子：

$$\left.\begin{aligned} \frac{\mathrm{d}i(t)}{\mathrm{d}t} &= p_{\mathrm{a}}(t) - d(t) \\ \frac{\mathrm{d}p_{\mathrm{a}}(t)}{\mathrm{d}t} &= a[p_{\mathrm{d}}(t) - p_{\mathrm{a}}(t)] \end{aligned}\right\} \tag{2-2}$$

式中，$p_{\mathrm{d}}(t)$ 表示期望的生产速率；$p_{\mathrm{a}}(t)$ 表示实际的生产速率；$d(t)$ 表示需求；$i(t)$ 表示库存水平。

例如，Towill 等学者把供应链看作是一系列的放大器，在经典的频域里对供应链的动态行为进行分析[82]。在随后的研究中，他们采用控制理论的方法研究了如何度量牛鞭效应的影响以及如何避免牛鞭效应产生的问题[83]。Perea 等学者采用基于控制理论方法对供应链中的信息流和物流进行建模，分析了供应链系统的动态行为，同时分析了一些控制定律对供应链行为的影响[84]。Riddalls 等学者在回顾了目前解决供应链集成生产库存问题的控制理论方法特点的基础上，提出了一种新的最优控制方法对具有批量生产成本结构的生产库存问题进行分析[85]。马新安等学者在给出一个供应链的多级库存控制系统模型的系统方框图及传递函数的基础上，分析了使整个供应链稳定的临界条件。

由于方法本身的限制（具有很强的线性假设，即采用一系列的差分方程或微分方程来描述供应链系统输入与输出的关系，但是目前大部分的供应链不满足这样的假设），当模型的规模很大、很复杂时，首先采用这种方法描述问题就很复杂，即使能够很好地描述，要得到结果也是很困难的。

2.4.1.3 基于系统仿真的建模方法

系统仿真（也称计算机仿真或计算机模拟）是通过建立仿真模型，在计算机上再现真实系统，并模拟真实系统的运行过程而得到系统解的研究方法。作为分析评价现有系统运行状态或设计优化未来系统性能与功能的一种技术手段，系统仿真通过运行具体仿真模型和对计算机输出信息的分析，实现对实际系统运行状态和变化规律的综合评估与预测，进而实现对现实系统设计与结构的改善或优化。供应链领域中的系统仿真应用是一个相对年轻的领域，由于建模理论、建模方法和建模工具等方面的不断发展和突破，这一领域得到愈来愈多研究者的重视。基于系统仿真的建模方法可用于分析全面的供应链模型，由于不存在数学求解问题，因此建立的模型可以考虑各种复杂因素。下面就供应链管理中常用的仿真建模技术进行系统分析与研究。

A 基于方程的建模方法

基于方程的建模方法主要是采用系统动力学的方法。系统动力学是美国麻省理工学院（MIT）以 Jay Forrester 教授为首的系统动力学小组在20 世纪50 年代创立和发展起来的一门学科。它的研究对象主要是复杂的、非线性的、具有多重反馈的连续系统。在发展的初期称为工业动力学（Industrial Dynamics，ID）。随后又出现了研究城市的发展、人口变迁以及环境污染的城市动力学（Urban Dynamics，UD）和研究全球社会和经济问题的世界动力学（World Dynamics，WD）。1972 年，Jay Forrester 教授正式提出了系统动力学（System Dynamics，SD）的名称。

系统动力学建模的一个重要步骤是系统的因果关系分析，即确定系统中各变量之间的因果关系，并用因果关系图表示。因果关系有正与负，表示原因变化对结果产生正向或负向的影响。但是这种分析仅是定性分析，要进行动态仿真还需建立系统动力学模型。系统动力学模型包括流程图和 Dynamo 方程。流程图采用专门的符号表示系统变量之间的关系，它是在因果关系图的基础上加上了动态的相互影响过程的描述。Dynamo 方程在流程图基础上写出，它是用 Dynamo 语言建立的方程，是系统动力学的定量模型。Dynamo 方程采用差分方程来描述系统行为，引入了3 个时间点，即过去（J）、现在（K）、将来（L）3 个时刻。用 DT 表示仿真步长，用水准方程、速率方程、辅助方程、补充方程、常量方程与算法方程共同组成系统动力学的 Dynamo 方程。该方程由 Dynamo 语言计算求解，得到系统随时间而变化的动态曲线。

在针对供应链系统的应用方面，很多学者做了相关的工作。例如，Jay Forrester 教授应用系统动力学模型研究了企业库存和订货之间的关系问题[75]。Robert 等学者应用系统动力学模型研究与分析了供应链的动态行为[86]。Towill 构建了研究供应链动态行为的系统动力学模型[87]。

但是对于以信息流交互为主的供应链系统而言，由于系统动力学的仿真模拟方法擅长于描述和处理系统的存量和流量，适合研究以物流交互为主的动态系统，因此它并不适合研究此类供应链系统。

B 基于离散事件仿真的建模方法

对供应链仿真的研究主要是利用离散事件仿真（Discrete Event Simulation, DES），并综合利用运筹学、软计算等优化及建模技术，重点解决供应链系统中供应链设计、位置决策、库存管理决策等战略决策问题，普遍采用可重用的模块化设计，利用图形过程建模方法建立系统模型，在增强系统柔性的同时，降低用户使用仿真器的复杂度。

离散事件系统的时间是连续变化的，而系统的状态仅在一些离散的时刻上由于随机事件的驱动而发生变化。由于状态是离散变化的，而引发状态变化的事件又是随机发生的，因此这类系统的模型很难用数学方程来描述，尤其是对于供应链系统而言。

离散事件系统的另一个主要特征是随机性，在这类系统中事件的产生时间、事件所引起的影响等均有随机性。早期的蒙特卡罗法是对随机系统作静态求解，它在某一时间点进行随机仿真，而不是整个时间的动态求解。由于系统的离散性与随机性，采用现有的工具对该类系统进行数学描述及数学求解就非常困难，因此计算机仿真成了这类系统分析、求解的主要手段。

库存系统是离散事件系统仿真应用的经典系统。描述一个库存系统主要包括三方面的内容：存储状态、需求和补充。存储状态是指存货随着时间的推移而发生的盘点数量的变化。其数量随着需求过程而减少，又随补充过程而增加。需求是系统的输出，它可以有不同的形式，包括连续需求、间断需求、已知的确定性需求和随机需求等，无论哪一种形式，一般来说，均不受控制。给定了需求形式，系统的输出特性也就相应确定了。补充是系统的输入，补充策略是根据系统的目标和需求方式来确定的。

需求与补充决定库存系统的库存状态，它是一个随时间变化而变化的动态过程。库存系统的研究就是为了求解给定系统的动态库存状态，并根据库存状态进行科学的管理与决策。

在供应链系统的建模与分析方面，由于采用基于离散事件仿真的建模方法（如 Petri Nets 模型），可以方便地构造供应链模型，进而分析与研究供应链系统，所以该方法被很多学者应用。例如，Amin 与 Altiok 应用离散事件仿真语言 Siman 建立了一个多产品、多阶段的制造系统，主要研究任务分配的策略问题[88]。

以 Petri 网举例来说，其由于可以建立系统的状态方程、代数方程以及其他可以管理系统行为的数学模型，因此是一种功能较强的建模工具。它作为一种形式化描述工具，主要用来对系统进行设计、分析和模拟。Petri 网以图形方式描述系统，使系统形象化，有利于理解。对于递阶结构的系统可分层建立 Petri 网。Petri 网既可描述系统内部数据流，又可描述系统外部数据流；采用变迁方式，可描述系统内部的并发性、冲突现象[89]。

在使用 Petri 网描述供应链模型时，常常用变迁节点表示任务，用库所节点表示任务之间的先后关系，用标记表示生产过程执行的状态。对于比较简单的业务过程可以用基本 Petri 网描述，而对于复杂的业务过程，基本 Petri 网就不能有效而正确地描述。这个问题可以有两种办法解决：一种是使用高级 Petri 网，标记就不再简单表示业务过程的一次执行，而是有其特定的语义；另一种是根据实际的应用领域定义相应的 Petri 网模型。

通过 Petri 网可以分析系统的可达性、活性等系统属性。供应链的业务流程有时会发生错误，尤其是在市场变化大，供应链经常需要重构的情况下，如果供应链重构后在实施前对业务过程进行模拟，就可以提前找出错误，避免由于错误的业务过程得罪客户。

C　基于多智能自主体的建模方法

随着人工智能以及智能自主体技术的发展，利用具有一定自主推理、自主决策能力的多智能自主体（Multi-Agent）以及由其组成的多智能主体系统（Multi-Agent System，MAS）仿真、优化、实施、控制企业供应链的运行，已经成为研究和实施供应链管理的重要方法之一。智能自主体（Agent，又称为代理）属于计算机和人工智能领域的范畴。MAS 源自于人工智能中的分布式问题求解，它可以看成是由问题求解器松散组合而成的一个网络，这个网络通过各个问题求解器的协调工作，能够解决超越单个问题求解器能力和知识范围的问题。MAS 强调分布式自主决策，强调各个智能自主体之间协作解决问题的能力，这些特点正好契合于企业供应链在实际运行中所表现出来的自治性、分布性、并行性、弱耦合性的特征。

MAS 作为一种新的系统仿真工具、有效的分布式求解工具以及新的信息系统的基础框架，已经被引入供应链研究领域中。目前，许多学者主要在供应链的建模和实施两个方向上开展理论研究和应用研究。根据引入多智能自主体的不同目的，这些研究可以分为以下几个方面：

（1）建模与仿真方面的应用。建立供应链的多智能自主体仿真模型，通过仿真实际供应链的运行，为供应链过程重组和供应链运行管理提供决策支持，是多智能自主体在供应链管理中的一个重要应用方向。多智能自主体模型是一种新型的、强有力的决策支持工具，它能够为决策者评价供应链运行效率、进行

What-if 分析，提供高效易用的决策工具。

（2）计划调度与优化求解方面的应用。企业供应链的各个环节一般都具有独立的计划调度能力，只有把这些独立分散的计划调度能力协调、整合在一起，才能使整条供应链的运行得到优化。利用多智能主体系统协调供应链各个环节的计划调度，是研究历史较长并且应用性最强的一个领域。在基于多智能主体的计划调度系统中，每个智能自主体代表不同的资源（如机器设备、运输车辆、工人等），并且负责该资源的计划与调度。

（3）运行与实施方面的应用。利用多智能自主体构建企业的信息基础平台，利用多智能自主体作为供应链协调和通信的主体，控制管理企业供应链的运行，以提高供应链管理的自动化和智能化程度，是多智能自主体应用于供应链管理的一个重要研究方向。

2.4.1.4 基于企业模型的建模方法

供应链企业模型是对企业的结构、活动、过程、信息、资源、人、行为、目标和约束等的模型表示，从功能视图、组织视图、信息视图、过程视图等侧面描述供应链企业的整个特性。供应链企业模型包括产品模型、过程模型、功能模型、信息模型、组织模型、经济模型以及决策模型等组成部分，为实现供应链企业集成、提高供应链企业的竞争力提供有力的帮助。

目前，供应链企业模型方法主要有开放体系结构、动态企业建模、通用企业参考体系结构与方法学、普渡企业参考体系与方法学和集成信息系统体系结构，已经有很多的应用。例如，梁浩等学者运用集成信息系统体系结构企业建模方法，以上海汽轮发电机为应用背景，建立供应链运作参考模型[90]；孙永军等学者在开放体系结构建模方法的基础上，提出了基于多视图建模理论支持敏捷供应链全生命周期过程的圆柱形建模框架[91]。

2.4.2 仿真优化技术

从发展历程来看，人们对仿真技术批判最多的是仿真不是一个优化工具。以往的研究人员只是对随机系统的有限配置进行仿真，然后选择具有最佳评价性能的配置作为最终决策的结果，也就是说解决的是“What - if”这一类的问题。仿真模型仅是对问题的直观描述，仿真运行只能提供一定条件下的可行方案，它并不能给出问题的最优解，所以需要将优化技术嵌入仿真过程，以使输出响应在仿真环境下不断地得到改进，从而可以形成各种仿真的优化结构，进而实现系统性能的优化，也就是说解决“How to”这一类的问题。

在很多实际的复杂系统中（例如供应链系统、制造系统、金融系统等），系统的性能与系统参数的取值有直接的联系。但是由于该系统非常复杂且其本身具有随机性，采用传统的解析模型不能够很好地进行描述或是很难描述。也就是说，系统的输入与输出变量的关系很难用明显的数学函数表达式来描述，必须依靠仿真技术来估计系统在某一组参数取值下的性能。

目前，由于计算机性能的大大提高，出现了很多启发式优化算法。这些算法因具有高效的优化性能、无须问题的特殊信息等优点，受到各领域广泛的关注和应用。随着这些算法的成熟，越来越多的学者开始关注仿真优化技术的研究，仿真优化技术成为目前离散事件仿真研究的前沿领域之一[92]。目前国外很多大的软件公司与研究机构及高校正在进行合作，设计有效的仿真优化算法。

仿真优化技术（Simulation-Based Optimization）是指非枚举地从可能值中找到最佳输入变量值，使得输出结果为最优解或满意解的过程，其目标是在仿真试验中获得最多信息的同时，所耗费的资源最少，使得用户可以更加容易地进行决策，对于辅助决策具有重要意义。

仿真优化技术为解决复杂系统的优化问题提供了一个结构化的方法。当一个系统的输出由仿真模型产生的输出变量所构成的函数来评价的时候，该方法可以用来寻找最优的输入参数的取值，下面对该技术进行详细的剖析。

2.4.2.1 问题描述

仿真优化技术是一种适用于当系统的性能是仿真模型输出时的优化方法，通常该优化问题包括以下部分：决策变量、目标函数和约束。

考虑一个具有 p 个确定的输入参数 $\psi\equiv(\psi_1,\psi_2,\cdots,\psi_p)$ 以及 q 个随机输出变量 $Y\equiv(Y_1,Y_2,\cdots,Y_q)$ 的离散事件仿真模型,其中 Y 是 ψ 的函数(例如 $Y=Y(\psi)$)。再假设该输入参数的可行域是 ψ。定义一个 Y 的实函数 $C(Y)$,把 q 个输出变量转换成一个随机输出变量,那么优化的目标就是寻找输入变量 ψ,满足其仿真响应函数 $F(\psi)$ 最优化。举例来说,一个典型的 $F(\psi)\equiv E[C(Y(\psi))]$，$p$ 个确定的输入参数 ψ 可以是连续的，也可以是离散的，或者两者都有。为了讨论方便，在这里，假定 p 个输入参数要么是完全连续的变量，要么是完全离散的变量。因此，仿真优化技术可以分为两类：连续输入参数仿真优化和离散输入参数仿真优化。

如果 p 个输入参数是连续变量，可以假定 $F(\psi)$ 是连续变化的，其中 ψ 定义在可行域 Φ 上。如果 p 个输入参数是离散变量，那么可行域 Φ 可以是有限的，也可以是无限的（包括有限大）。

以上问题就是寻找 $\psi^*=\mathrm{argopt}_{\psi\in\Phi}F(\psi)$，而直接观察 $F(\psi)$ 是非常困难的，必须估计它的值。因此，仿真需要重复运行多次（或者运行很长的时间），利用 n 次仿真试验的 i 次输出 $Y^i(X)$ 得到的 $\hat{F}(\psi)$ 来估计 $F(\psi)$。从以上的分析可以知道，由于仿真输出的随机特性使得该优化问题变得很复杂。

2.4.2.2 连续输入参数仿真优化

当输入参数是连续变量时，可行域 Φ 就变成不可数的或者是无限的。解决这一类问题的主要方法包括基于梯度的方法（Gradient Approaches）和基于非梯度方法（Nongradient Approaches）。基于梯度的方法是通过估计相应函数的梯度 ∇F 来判定改进目标函数的方向。例如，摄动分析（Perturbation Analysis）是常用的梯度估计技术之一，类似的还有谐波分析（Harmonic Analysis）、评分函数（Score Function）等。

摄动分析是一类有关梯度的估计方法，其中最有名的是无穷小摄动分析（IPA）。在该算法中所有的目标函数的偏梯度通过单次运行估计得到。其基本思想就是跟踪系统的样本路径，分析参数摄动对系统性能的影响，获得样本性能对参数的梯度（样本梯度），作为系统性能测度梯度的估计量。

评分函数又称似然比方法，仅需要单次仿真运行就可以得到梯度的估计值。其基本思想是分析系统样本路径的概率测度对随机变量分布函数的依赖关系，通过测度变换获得似然比，进而构造性能测度的估计量。

非梯度的方法包括单纯性法（Nelder-Mead）[93]、样本路径优化方法（Sample Path Method）等。Nelder-Mead 方法的搜索开始于在可行域中 $p+1$ 个向量（不全在一个平面上）组成的点，并不停地甩掉最差的点，并加入新点（其位置处于最坏点相对于所保留向量的矩心的对称点）。此方法的缺点在于凸可行域的假设和处理可行限制的实现问题。在样本路径优化中，产生了更多的样本，且期望值函数可以通过对应的均值函数近似得到，再利用确定的非线性规划方法对均值函数进行优化。这样，统计方法就介入优化算法中，解决了随机优化中的一些问题并提高了方法的效率。

2.4.2.3 离散输入参数仿真优化

当输入参数是离散变量时，常用的是元启发式算法（Meta Heuristic）、排序与选择方法（Ranking and Selection，R&S）和与最佳值的多重比较方法（Multiple Comparison with the Best，MCB）等。

R&S 经常用于实际问题，如在零件制造时如何组合不同机器使生产率最高，在此类问题中应对有关各替代方案之间关系有所了解。该方法可以将优化问题作为多指标决策问题处理，当决策涉及选择最佳系统设计时，使用无关区域排序的技术；当决策涉及选择包括最佳系统设计的方案的子集时，就用到子集挑选技术。在这种情况下决策应保证与预先确定概率保持一致。

如果要在有限个系统方案中选择最佳，MCB 可以代替 R&S。在 MCB 中，应提供所有要检验的可替代方案的有关相对性能。如果对于决策的性能测度不是单准则的，则所提供的内容应十分严格，例如在制造业中产品的期望产量是十分重要的性能测度，同时成本也是不能忽视的。

近年来，基于生物学、物理学和人工智能发展了一些具有全局优化性能且通用性强的元启发式算法，如禁忌搜索算法（Taboo Search，TS）、模拟退火算法（Simulated Annealing，SA）、遗传算法（Genetic Algorithms，GA）、蚁路算法

(Ant System, AS)、散点搜索算法 (Scatter Search, SS) 等。

TS 是 Glove 模拟智能过程而提出的一种具有记忆功能的全局逐步优化算法。TS 的核心在于对搜索过程使用短期记忆和中长期记忆,以令搜索具有广泛性和集中性。其基本思想是搜索可行的解空间,在当前解的邻域中找到另一个更好的解。但是为了能够逃出局部极值和避免循环,算法中设置了禁止表,当搜索的解在禁止表中时,则放弃该解。TS 算法可以灵活使用禁止表记录搜索过程,从而使搜索既能找到局部最优解,同时又能越过局部极值得到更优的解[94]。

SA 是基于 Mente Carlo 迭代求解的一种全局概率型搜索算法,首先由 Kirkpatrick 等人用于组合优化中[95]。该算法源于固体退火过程的模拟。固体退火是先将固体加热至熔化,再徐徐冷却使之凝固成规整的晶体,熔解是为了消除系统中原先可能存在的非均匀状态,冷却过程之所以徐徐进行是为了使系统在每一温度下都达到平衡态。因为在平衡态,系统的自由能达到最小值。如果将优化问题的目标函数类比为能量函数,控制参数类比为温度 T,模拟固体退火过程就可将给定控制参数值时优化问题的相对最优解求出,然后减少控制参数使其趋于 0,最终求得组合优化问题的整体最优解。SA 是一种全局优化方法,通过人为地引入噪声,使得当算法陷入局部最优的陷阱时,能形成从该陷阱中逃脱的条件,进而再逐步减小噪声,以使得算法能停留在全局最优点。

GA 是 Holland 研究自然遗传现象与人工系统的自适应行为时,借鉴优胜劣汰的生物进化与遗传思想而提出的一种全局性并行搜索算法[96]。自然界生物的进化通过两个基本过程:自然选择和有性生殖不断进化。在漫长的进化过程中,生物逐渐从简单的低级生物到人类,这是一个完美的进化过程。按照达尔文进化论的观点,这一过程遵循适者生存、优胜劣汰的自然选择原则,它使自然界生物的演化问题得到较好的解决。正因为如此,人们把进化这种奇异的本领看成值得仿效的东西。即用搜索和优化过程模拟生物体的进化过程,用搜索空间中的点模拟自然界生物体,用经过变形后的目标函数度量生物体对环境的适应能力,优化和搜索过程中用好的可行解取代较差可行解的迭代过程类比为生物优胜劣汰,这样就形成了进化策略。GA 注重父代与子代遗传细节上的联系,主要强调染色体操作。GA 是一个群体优化过程,为了得到目标函数的最小(大)值,不是从一个初始值出发,而是从一组初始值出发进行优化。这一组初始值好比一个生物群体,优化的过程就是这个群体繁衍、竞争和遗传、变异的过程。

AS 是一种源于大自然中生物世界的新的仿生类算法,作为通用型随机优化方法。它吸收了昆虫王国中蚂蚁的行为特性,通过其内在的搜索机制,在一系列困难的组合优化问题求解中取得了成效[97]。由于在模拟仿真中使用的是人工蚂蚁概念，因此有时亦被称为蚂蚁系统。昆虫学家观察和研究发现，蚂蚁有能力在没有任何可见的提示下找出从其窝巢至食物源的最短路径，并能随环境的变化而变化，适应性地搜索新的路径，产生新的选择。作为昆虫的蚂蚁在寻找食物源时，能在其走过的路径上释放一种蚂蚁特有的分泌物——信息激素（Pheromone），使得一定范围内的其他蚂蚁能够察觉到并由此影响它们以后的行为。当一些路径上通过的蚂蚁越来越多时，其下的信息激素轨迹（Trail）也越来越多，以致信息激素强度增大（当然，随时间的推移会逐渐减弱），后来蚂蚁选择该路径的概率也越高，从而更增加了该路径的信息激素强度，这种选择过程被称为蚂蚁的自催化行为（Auto Catalytic Behavior）。由于其原理是一种正反馈机制，因此，可将蚂蚁王国（Ant Colony）理解成所谓的增强型学习系统（Reinforcement Learning System）。

SS 最早是由 Glover 提出的，是寻找整数优化问题的最优解的一种启发式算法。与同时期提出的 GA 有一些相似的地方。SS 主要是通过对一个点的集合（称为参考点，Reference Points）进行操作。这个方法通过对参考点进行线形组合，系统地产生许多新的点。同时每一个新点被映射为一个相关的点，对于离散变量可以得到一个整数值。近年来，很多学者改进了该算法，使得它不仅可以解决离散优化问题，同时也可以解决连续优化问题。SS 产生的参考点经过处理后能够保证搜索到解空间的不同地方。SS 是由一系列的参考点开始迭代搜索的，这些参考点可以通过其他的启发式算法得到。然后，通过这些参考点的线性组合以及权重得到它们重心的加权中心。这些初始参考点的子集和它们重心的加权中心用来定义一个新的子区域，以生成下一阶段所需要的参考点。同时，这些参考点被评估后成为新的参考点集合。整个迭代过程直到中止条件满足后结束。

目前，各种仿真优化方法已大量应用于生产领域，各种方法的组合使用也体现出了它们的威力。在应用时要注意针对不同的优化问题，采用适合的方法，才能最有效地解决动态、不确定环境下供应链的优化问题。本书在研究供应链优化过程中采用了上述多种仿真优化技术，这些技术在解决复杂供应链优化问题起到了决定性作用。

2.5 本书研究的背景及意义

2.5.1 本书研究的背景

目前我国企业在网络化制造环境下供应链管理中还面临着众多问题：供应链成本高、库存水平过高、资源利用率较低、外部竞争加剧和经济发展的不确定性增加等。因而设计和运行一个有效的、优化的供应链对每一个企业都是极为重要的。它通过信息技术和现代化管理技术，可以对生产经营过程的物流、信息流和资金流进行有效的控制和协调，通过约束理论（TOC）寻找供应链节点中的瓶颈环节并优化瓶颈环节，可以将企业内部的供应链与企业外部的供应链有机地集成起来进行管理，达到全局最优化目标。IBM、GM、HP、MOTOROLA、APPLE、DELL、Caterpillar、DEC 等国际知名大公司供应链管理的成功实施，充分证明了供应链管理、模型与优化的先进性、科学性和实用性。在我国，供应链管理方法与模型的研究和应用已经在宝钢集团、联想集团、海尔集团等应用。本书通过对艾默生环境优化技术（沈阳）有限公司的供应链优化分析证明供应链优化研究与应用具有重要的学术理论价值和实践指导价值。

2.5.2　理论与现实意义

2.5.2.1　理论意义

供应链管理系统是网络化制造集成平台的重要组成部分，因此供应链系统的优化直接影响整个网络化制造系统的完善程度。在供应链中各节点企业都对各个目标有不同的评价标准，形成各种矛盾与冲突，但既然能够形成一条完整的、顺畅的供应链，就要使每个环节性能达到最优，使整个供应链获得的利益大于各节点企业单独获得的利益之和。供应链优化的目的就是要通过各种方法使供应链中各节点企业减少矛盾、冲突与内耗，更好地分工合作，发挥供应链的优势以获取最大收益。因此，对网络化制造环境下供应链系统优化控制的研究具有深远的理论意义，具体意义如下：

（1）对网络化制造环境下供应链库存系统优化理论的研究是对供应链管理理论的必要补充与完善，也有利于供应链管理系统在网络化制造平台中的良好嵌入。

（2）通过运用书中所提到的预测控制技术、遗传算法和模拟退火算法、分形理论、计算机仿真技术等可以合理优化供应链各个环节，并建立一个以客户需求为导向的供应链优化系统。

（3）可以改进和增强供应链库存系统的经济效益和社会效益，从而达到企业资源的良好配置和利润最大化。

（4）通过对供应链库存网络系统的优化控制，增强供应链节点企业承受市场不确定性和技术迅速革新等因素影响。

（5）构筑供应链节点上企业不可复制的核心竞争力及参与国际竞争的优势。

2.5.2.2　现实意义

本书所研究的问题具有很强的实用性，对相关企业的供应链库存优化应用实例分析表明，面对日益增加的竞争压力和多样性的市场需求，通过优化企业供应链中的薄弱环节，可以提高供应链的可持续竞争优势，不断扩大供应链后作用的影响，打造出企业供应链体系的不可复制性。此外，对供应链的优化研究，也能反映现实世界供应链的运营状况、资源约束以及流程优化等实际问题，并从全新角度刻画出企业供应链管理体系中的内在规律和复杂性，体现出供应链整合社会资源和创新管理的优势。此外，本书所提出的理论可以为国内实施供应链管理的企业在解决实际问题方面提供有力的技术支持。

3 生产物流系统内涵

3.1 生产物流系统基本概念

物流是指在满足顾客需求的基础上，通过运输、保存、包装、配送等，实现原材料、半成品以及产成品等由原产地至消费地的规划、实施与管理的过程，即指生产系统的产成品从产地到消费地的实体流动过程中，按照实际生产的需要，把运输、保存、装卸、搬运、包装、加工和配送等进行结合。对于一个由生产、配送、销售三层构成的企业来说，物流可分为五个方面，见表3－1。企业物流框图如图3－1所示。

表3－1 物流的分类

类 型	简 介
供应物流	指包括原材料等一切生产物资的采购、进货运输、仓储、库存管理、用料管理和供应管理，也称为原材料采购物流；它是生产物流系统中相对独立性较强的子系统，和生产系统、财务系统等生产企业各部门以及企业外部的资源市场、运输部门有密切的联系
生产物流	指在生产过程中，从原材料采购、在制品等各道生产程序的加工，直至产成品进入仓库全过程的物流活动；其涉及物料流和信息流，但是基本不涉及资金流的管理，以满足生产需求为目的
销售物流	指对产成品从企业到客户手中的管理，也可以称作产成品物流；从供应链循环的角度来看问题，供应物流的管理内容与销售物流相同；从供应商的角度来看，生产企业的供应物流也就是供应商的销售物流
回收物流	不合格物品的返修、退货以及周转使用的包装容器从需方返回到供方所形成的物品实体流动
废弃物流	指经济活动中失去原有使用价值的物品，根据实际需要进行收集、分类、加工、包装、搬运、储存并分送到专门处理场所时所形成的物品实体流动

（1）生产物流。生产物流主要是指在生产的过程中，从购买原料、在制品等每一工段的生产加工，直到产成品被放入仓库达到储存状态全过程的活动。生产物流的有效运行主要是指能够把适当的产成品在适当的时间，以适当的方法，依据适当的数量，以适当的成本，运输到适当的地方，交给适当的人。生产物流往往是在企业内进行的，空间距离的变化非常小，主要是为了维持生产加工活动能够顺利运行，它的注重点是生产加工本身，生产加工大多受制于生产方式，其

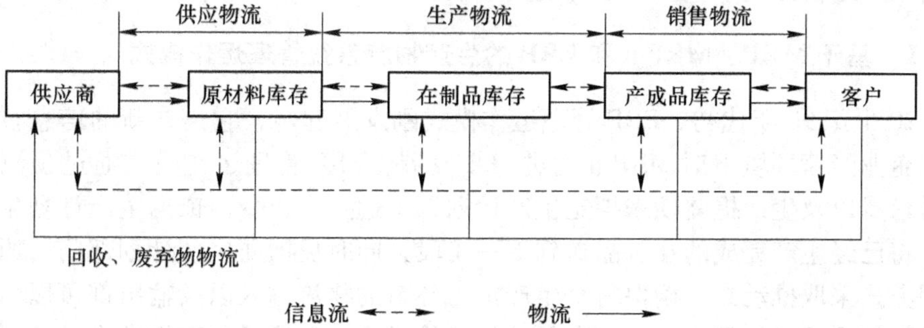

图 3－1　企业物流框图

与生产加工工艺以及机械设备有着密切的关联[98]。由以上可知，生产物流主要是指生产加工过程中需要的原料在时间与空间上正常运转的全过程，是生产加工系统的动态表现。

（2）生产物流系统。由上述对生产物流的概述可知，生产物流系统一般是指原材料、燃料、外构件投入生产加工后，经过下料、发料运送到各个加工点以及存储点，以在制品的形式，从一个生产单位（仓库）流入另一个生产单位，根据规定的生产工艺过程进行加工、储存，并且借助一定的运输装置，在某个点内流转，又从某个点内流出，自始至终都体现着物料实物形态的流转过程，这样就构成了企业内部物流活动的全过程。因此，生产物流的边界起源于原材料、外构件的投入，终止于成品仓库，贯穿生产整个全过程。企业的生产物流活动是在生产加工工艺中的物流活动，这种物流活动是与整个生产加工过程相伴而生的。本书就是研究生产物流系统过程中的在制品库存的控制方法，从而实现降低物料的搬运与管理成本的目的。

3.2　生产物流系统的管理运作模式

企业采用的管理运作模式主要是物料需求计划（MRP）、企业资源计划（ERP）、约束理论（TOC）和精益生产方式（JIT）等。其中 MRP 方式和 JIT 方式是最具有实际意义和影响力的，世界上很多先进的生产管理运作方式的发展都是以这两种模式为基础的。因为大量的库存存在大量的流动资金被占用和高风险的危机，所以研究这些模式的主要目的就是严格控制并降低生产运营中的库存成本。

如今，市场竞争异常激烈，为了满足顾客多样化的需求，现代生产物流正逐渐取代以分散化和个体化为特征的传统生产物流。一些先进的生产物流系统管理运作方式也在不断地出现、发展和进步。当前，国内外学者将上述理论应用到具体的生产运营方式中，具体运行模式如下。

3.2.1　基于 MRP、MRP Ⅱ 和 ERP 的生产物流系统管理运作模式

20 世纪 90 年代初，ERP 管理运作模式刚发展起步，它是在新的信息技术环境和企业经营环境下对 MRP Ⅱ 的进一步发展。ERP 管理运作模式通过预测产品的需求量以及生产提前期来拟定生产计划，下达生产指令，依据生产计划生产加工，将已经生产完成的在制品送到下一工段，同时反馈回生产计划部门，原料的使用方式采取推动式，确保每个生产加工环节的物流输入以及输出都可以依据生产计划要求按时按量地完成。它是纯粹的推进式的物流控制运作模式。

"推动式"生产管理系统就是一种物流和信息流都自上而下的生产管理运作模式，如图 3－2 所示。

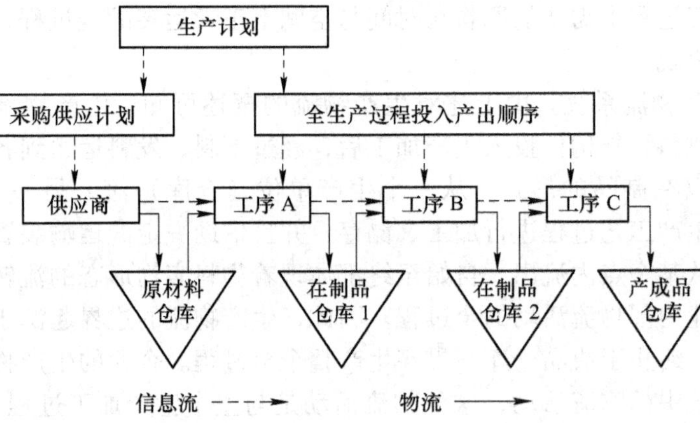

图 3－2　基于 ERP 理论的"推动式"物流管理模式

在实际的生产加工中，各车间所有的生产过程中都有可能出现异常现象，如机械设备故障、加急订单和人员短缺等，这些异常现象会直接导致各生产车间不能依据生产计划的要求完成任务，以致计划出现滞后，拖延了交货期，降低了顾客满意度。为了满足顾客的需求，只能加班加点或通过制定一定的安全库存来实现上述的理想交货期，但是这又会增加库存储存费用等一些有关的费用[99]。

3.2.2　基于 JIT 的生产物流系统管理运作模式

JIT 管理运作模式引自丰田公司的管理系统，是一种"从反方向观察生产流程"的拉式生产。按照客户订货信息，生产加工指令仅仅发给最后的装配线。最后装配线上的工人依据生产加工所需要的数量，在需要的时候到前一工段去领取在制品。继而前一工段为了补充被领走的在制品，仅仅加工被领走的那一部分就可以了。若从最后一个生产加工工段入手，一步一步地溯流而上，直到物料的准

备部门，乃至全公司所有的生产加工工段都同步运转起来，这就是所谓的“拉式”生产方式，如图 3－3 所示。JIT 管理运作模式的目标是维持物料流与信息流在加工过程中同步地进行，以适当的原材料，在适当的时间，送往适当的地方，生产适当的产成品，交给适当的人。此模式能够稳定库存，缩小生产周期，降低制造成本，提升生产效率。

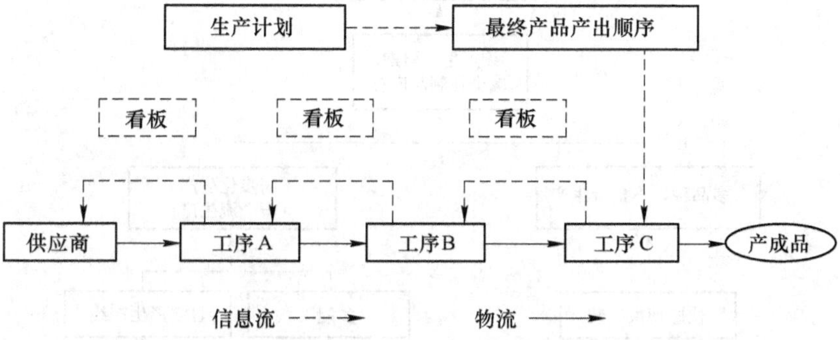

图 3－3 基于 JIT 理论的“拉动式”物流管理运作模式

在 JIT 生产加工过程中经常使用的工具是看板系统，看板是一种生产排程工具，不仅可以控制生产加工现场，而且是传递信息的载体。具体地说，它是一种卡片，呈现出多种形式，会随企业的不同而不同。看板是加工工段和各部门甚至企业之间传递生产信息和运输的控制信号或“生产指令”。JIT 管理运作模式的目的是要产生一个没有库存的加工系统，看板正是可以很好完成这个任务的工具。图 3－4 给出了 JIT 的体系结构。

但是，在生产物流系统中，JIT“拉动式”生产管理运作模式只有在与生产加工相关的系统资源都充足的条件下才可以成功地运行。而且 JIT 对生产波动很敏感，又追求零库存，所以若某一加工环节因某种因素不能继续生产，则之前的全部工段都将出现停工现象。此外，JIT 对人员的普遍要求是一专多能，没有一定的管理基础和多技能人才是无法胜任的。

3.2.3 基于 TOC 的生产物流系统管理运作模式

TOC 为“约束理论”的简称，是在 MRP 与 JIT 之后的一个组织加工的新运行模式。TOC 的原理是找到并消除或改善阻碍实现生产加工系统目标的影响因素。加工系统的运行是一个动态控制的过程，常常发生随机需求干扰波动状况，所以在加工过程中频繁会有某些资源负荷太多，变成卡“脖子”的工段，这就是瓶颈。瓶颈是指实际加工的生产能力比生产负荷小的任何资源，是加工控制系统内部影响产销率的阻碍条件，是生产加工过程中流量堵塞且最小的地方，瓶颈

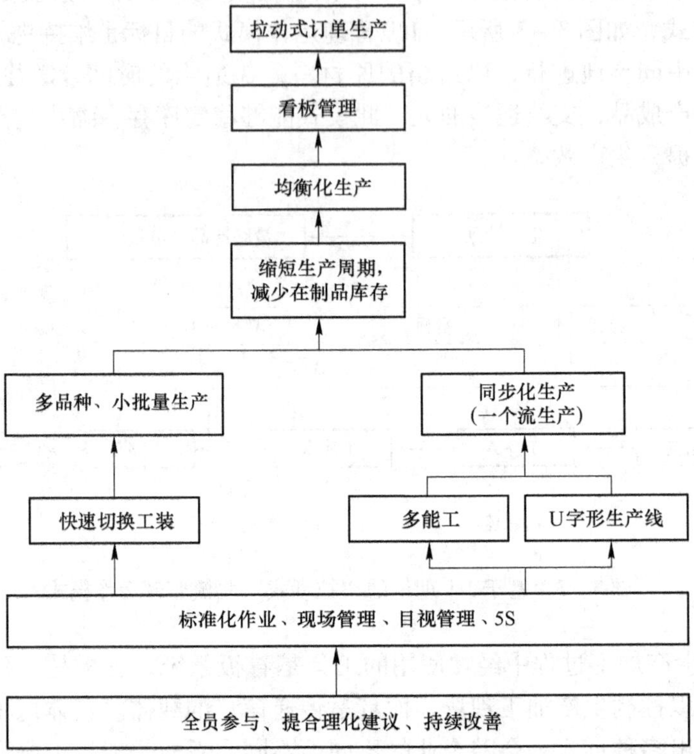

图 3-4　JIT 的体系结构

有可能是一个机器、作业人员或者专用机械设备，也有可能是市场。TOC 运作模式追寻的是物流平衡，而不仅仅是生产能力平衡。物流平衡就是指所有的工段（包括瓶颈工段）能够同步地进行加工，从而使生产周期达到最短，在制品库存最少和最稳定。

TOC 运作模式的计划控制系统被称作 DBR 系统（Drum—Buffer—Rope，鼓—缓冲器—绳子），DBR 控制原理如图 3-5 所示。在这个系统中，主生产计划（MPS）被比拟成“鼓”，瓶颈是用来控制各企业同步加工的节奏——“鼓点”。缓冲器被分成为“时间缓冲”与“库存缓冲”两部分。“时间缓冲”主要是指所需要的产成品要比生产计划提早供应，防止外界需求干扰波动很大，它是以瓶颈工段的生产加工时间作计量单位的。“库存缓冲”主要是指保险在制品，它的位置与数量的确定规则与“时间缓冲”一样。“绳子”主要是指反馈信息，它具有传递作用，以达到驱动加工控制系统依据“鼓”的节奏进行加工的目的。其实质和看板思想相同，是瓶颈工段对其上一工段的机械设备发出生产加工指令[100]。

DBR 计划控制系统由于存在一些局限性，即要让整个生产系统都以满足瓶

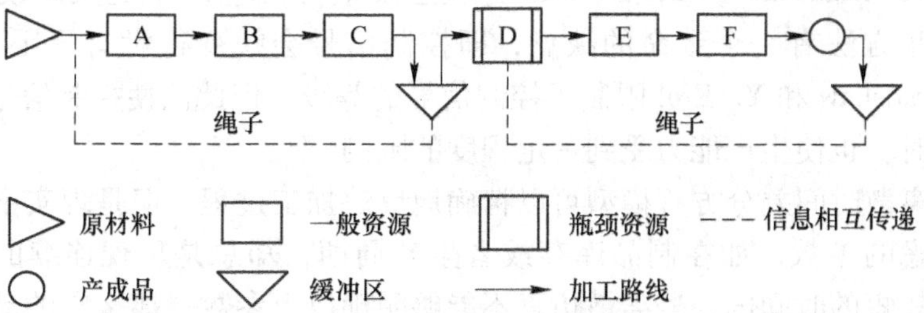

图 3-5 DBR 控制原理

颈资源为前提来达到整体的优化管理，但是实际上却不可以进行有效控制，所以在生产中没有得到广泛应用。因此，在生产加工过程中，TOC 模式常常与其他模式结合起来一起对企业进行运营管理。

3.3 生产物流系统建模

生产物流系统是一个离散事件动态系统，具有系统复杂、不确定和反馈难等特点，其目的是为了更好地实现生产规划、物料搬运、在制品库存存储等功能[101]。生产物流系统建模的数学方法有连续时间微分方程、离散时间差分方程、离散事件仿真和运筹学模型四种[102]。由于科技信息技术发展迅速，传统的以稳态为前提条件的数学模型已显然不能表征系统的动态性能，而以控制理论为前提的数学模型却可以有效地表征生产系统的动态性能，因此，本书基于控制理论构建数学模型，以达到有效控制生产物流系统在制品库存的目的。近些年，国内外研究学者在生产物流系统的理论和实践方面做了大量的研究和分析。

（1）连续时间微分方程模型。1952 年，H. A. Simon 采取比较传统的拉普拉斯变换方法对生产-库存的一些问题进行了分析。他指出在微分方程数学模型中，要想使生产系统能稳定输出只能运用指数延迟法，因为它很难采取纯粹的时间延迟方法来控制[103]。这个思想一直为这个领域的学者们所参考。1961 年，Forrester 构建了一个较为具体的非线性的生产物流系统模型[75]。由于他几乎没有对系统模型的非线性特点进行分析，缺乏一定的理论知识，因此该模型只简单地用在生产系统仿真。几年后，Towill 与他的同事们深化了 Forrester 的生产系统模型[104,105]。然而他们都是以线性系统来研究的，其研究的成果仅仅适用于整个状态空间的子空间。综上所述，连续时间微分方程数学模型虽然已经开始影响一些企业去考虑供应链问题，但其并没有处理参数敏感度的棘手情况。

（2）离散时间差分方程模型。1974 年，B. Porter 和 A. Bradshaw 基于时间离散化的方法，运用状态反馈法，研究出了一个生产系统的分段定常控制器[106]。

1976 年，A. Bradshaw 和 D. Daintith 将状态反馈方法应用于更大规模的级联系统。但这些方法有一个致命的缺点，即控制信号会蜕变得没有界限[107]。1980 年，A. Bradshaw 和 Y. Erol 限制了控制信号的等级，但此法使控制信号受到一定控制的同时，也使生产能力受到一定程度的限制[108]。

虽然离散时间差分方程模型可以精确地反映加工过程，但是现实中的企业通常需要考虑的参数，如在制品库存或者生产周期，却总是呈现连续的特征。所以，在比较短的时间内，若离散仿真不能够明确以上参数，那么它的动态行为只能由连续时间微分方程模型描述。

（3）离散事件仿真模型。离散事件仿真模型（DEDS）主要用于仿真和“黑箱法”分析[109]。1997 年，M. Amin 和 T. Altiok 为了研究任务分配原则，给一个多品种的生产加工系统进行建模，即是一个微型的供应链系统[110]。2004 年，郭彩芬采取极大－极小代数方法来研究系统的在制品储存问题以及最佳加工路径等问题[111]。但此方法只适用于确定性的生产控制系统，对供应链系统来说则无济于事。DEDS 模型由于理论依据不足，缺少简洁的语言程序，因此不能更广泛地被应用。

（4）运筹学模型。1983 年，J. F. Williams 采用树状来表示供应链系统，并运用动态规划法来明确最佳库存量和生产批量大小[112]。1993 年，P. Chandra 采取启发式算法去优化一个有约束条件的成本函数，继而确定了生产批量与任务调度问题的最佳策略[113]。1995 年，T. Altiok 和 R. Raghav 运用 Morkov 链模拟了一个生产系统的稳态过程，采用可信区间对模型和生产系统做了一定的分析[114]。大多数的运筹学（OR）方法几乎都缺乏严格的系统灵敏度的理论知识，所以不能描述生产加工系统的动态特性。

综上所述，任何一种方法都不可能是万能的，要选择合适的建模方法解决相应的问题。本书研究的是需求多样化、扩大化与在制品库存不稳定的问题，因此既要考虑生产系统的动态特性，又要构建生产系统的连续时间微分方程模型，以达到稳定在制品库存的目的。

3.4 控制理论在生产物流系统中的应用

尽管早期的控制理论在生产加工控制上的应用一波三折，但自 1970 年以来，许多学者对其做了深入研究并且获得了新的进展，分别体现在随机控制理论以及前馈和反馈结合为一体的控制系统这两个方面。

3.4.1 随机控制理论

随机控制理论研究的是加工系统的动态性，以达到对生产物流系统库存最优控制的目的。

文献［115］构建了一个生产和库存有关的模型。在模型中，理想库存和实际库存的偏差为目标函数，库存量为状态变量，生产率为控制变量，最终是要使目标函数取得最小值。

文献［116］构建了动态条件下的生产库存控制模型，此模型是基于需求信息不完善进行的。文中对已知的和与其相关的需求变化做了分析，其仿真结果都是随机独立分布的。

3.4.2 前馈和反馈结合为一体的控制系统

在实际生产制造系统中，由于很多内外因素和突发事件的影响，生产系统具有复杂性和动态性等特点。若系统中没有反馈控制，则会导致在制品大量堆积；而若没有需求信息预测的前馈控制，则会导致生产率的持续波动。所以，在生产制造系统的控制模型中，要实现良好的控制性能，就需要采取前馈和反馈控制结合为一体的控制系统[109]。

文献［117］研究并提出了一种多目标决策的生产体系，并将其运用在动态生产加工控制系统中，获得了很好的控制效果。研究表明，动态生产加工系统中的复杂状况对系统的设计和实施是一个非常大的挑战。

文献［118］研究并提出了物流系统在动态行为上的建模以及仿真方法。文中指出，物流系统在外界需求稳态情况下采用控制理论进行设计，但实际上物流系统却常常处于不确定因素构成的动态加工控制环境中，如生产周期的不确定性以及顾客需求的随机性。

4 串行生产物流系统在制品库存的控制模型

4.1 在制品库存简介

4.1.1 在制品库存的定义

以库存的角度来说，在制品是指正处于加工、装配、检验、运输过程中而没有进入库存储存的原材料、毛坯、半成品等所有制品。在制品的定义也可以是：一个产品从投入原材料到最后生产制造成为产成品，在生产加工过程各个环节中的零部件和半产品。在实际的生产加工中，为了管理方便，依据在生产加工控制系统中所处的工艺过程，在制品可以分成毛坯、半成品、车间在制品与入库前产成品四种。若依据性质和作用分，在制品又可以分成工艺在制品、周转在制品、运输在制品和保险在制品，见表 4－1。

表 4－1 在制品的分类

类 型	简 介
工艺在制品	指流水线全部工作地同时开始工作所必需的在制品，即分布在各加工、装配、检验工位上的毛坯、零件、部件、产品
周转在制品	指间断流水线（节拍不同）中相邻两工序或者车间之间由于生产率不同而形成的在制品
运输在制品	指流水线内处于运输过程中的在制品，运输在制品的数量取决于运输方式、运输批量、运输间隔期、产品（零部件）体积及存放地情况等因素
保险在制品	指当流水线某一环节发生意外时，为保障生产仍能正常运转而设置的在制品

应该清楚在不同流水线的生产加工过程中起主要作用的在制品类型。比如，毛坯车间的在制品有工艺、周转与保险在制品，其中周转在制品起主导作用；加工车间的在制品有工艺、运输、周转与保险在制品，其中工艺在制品起主导作用；而且在装配车间中，起主导作用的还是工艺在制品[119]。

4.1.2 在制品库存控制的作用

在企业所有的成本中，库存成本占了很大的比重，而在制品库存又是企业库存中一个相当重要的部分。据了解，在美国的离散型企业中，库存成本一般就占到了所有成本的35%~55%。为了降低制造成本，减少库存量，从而增加企业利润，增强顾客满意度，就需要对库存做一定研究和控制。制造型企业大多都是面向订单，而且产品品种多，采用混合加工的方式，使得在生产加工过程中，各个加工环节都有许多不同形态的在制品，所以企业的库存大多都是在制品库存的形式。大量的在制品库存会增加生产制造成本，致使企业在非常激烈的竞争中处于不利地位。而为了快速响应市场需求，企业又不追求零库存，所以维持一定的在制品库存相当必要。它能够维持生产系统的正常运行，不受需求干扰波动、人员缺乏以及机械设备故障的影响。

当前，随着社会的发展，很多企业在管理方面的认知都在不断加深，对原材料以及产成品的库存控制已经做了很好的研究与应用，并且获得了不错的效果，但对在制品的控制却疏于重视。合理有效地对串行生产物流系统在制品库存进行可行地控制，不仅能够降低制造成本，而且能够缩短产品的生产周期，从而提高企业的绩效和竞争力。此外，降低并稳定生产加工中的在制品库存对生产加工现场的规范化管理与5S的管理实施也起到了一定的作用。

4.1.3 在制品库存控制模式

国内外学者对在制品管理的研究大多都集中于在制品库存数量的控制上。过多的在制品存货量会延缓加工过程中一些问题的及时发现，也增加了生制造成本；而在制品库存不足，容易导致各个生产加工环节脱节，甚至会出现待工现象，不利于控制生产成本。

一般情况下，生产管理运作方式可以分成推动和拉动两种模式。在加工系统中，推动下的在制品库存控制，无论机械设备是否处于空闲状态，都可以接收生产加工指令。其不会考虑下游生产加工环节是不是会因其他因素停产待工或者自身是不是已经超负荷，结果就有些工段库存大量堆积，有些工段空闲停工，继而造成整个生产线运作不平衡。拉动模式下的在制品库存控制可以维持物料流和信息流在生产加工过程中同步进行，实现以适当量的原料，在适当的时候进入适当的工段，生产出适当的产品。此模式能够降低在制品库存，缩小工时，降低制造成本，提高顾客满意度[120]。

总之，在生产物流系统在制品库存的控制上，拉动模式比推动模式更具有优异性，但其仅仅适用于大批量的稳定生产加工中。因此，许多学者都将拉动和推动结合起来，以实现有效控制的目的。

4.2 串行生产物流系统在制品库存控制分析

生产物流系统中的生产线主要存在串行生产线、并行生产线以及串行与并行结合的混合生产线三种形式。装配与啤酒生产线等都是工业生产加工中最常见的串行生产线。串行生产线如图4－1所示，它是由 m 个加工工段和 $m-1$ 个中间暂存区构成的。在实际的加工过程，原料都是按顺序地经过每个加工工段加工以及中间暂存区缓存，最终生成产成品。对大量资料的收集和研究后发现，许多学者对串行生产线各个存储区存储容量以及它们与生产率间的关系做了一定的研究，但是对各个加工工段间在制品库存的研究比较少。所以本书仅对串行生产物流系统的在制品库存控制作具体分析。

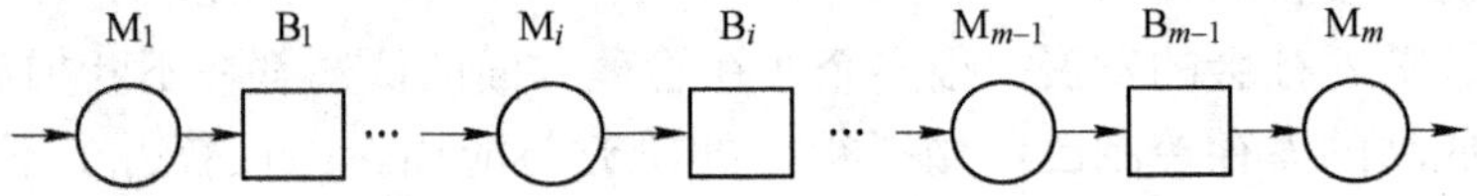

图4－1　m 个加工工段与 $m-1$ 个暂存区组成的串行生产线

4.2.1　传递函数概述

4.2.1.1　传递函数的概念

微分方程求解确实比较直观，但如果生产控制系统中的某一个参数或者生产结构发生变化，就需要重新列写微分方程，其对性能的影响就不好分析了。当用拉普拉斯变换法进行求解时，就能够很快地获得复域中的数学模型，即传递函数。在经典控制理论中，传递函数是指在零初始条件下系统响应（输出）$Y(s)$ 与激励（输入）$U(s)$ 分别进行拉普拉斯变换后的比值，即

$$G(s)=\frac{Y(s)}{U(s)} \tag{4-1}$$

由式（4－1）可得单输入单输出系统在零初始条件下的传递函数：

$$G(s)=\frac{Y(s)}{U(s)}=\frac{b_0s^m+b_1s^{m-1}+\cdots+b_{m-1}s+b_m}{a_0s^n+a_1s^{n-1}+\cdots+a_{n-1}s+a_n} \tag{4-2}$$

式中，a_i 和 $b_j(i=0,1,2,\cdots,n;j=0,1,2,\cdots,m)$，是与生产控制系统自身的结构有关的参数。

4.2.1.2　传递函数的性质

传递函数的性质如下：

（1）传递函数与控制系统的输入量以及输出量都没有关联，仅仅与生产系统自身的结构有关。

（2）传递函数的先决条件是零初始状态，即外加输入 $\int_0^{Q_m}pf_m(p)c_\mathrm{p}$ 是在 $t=0$ 时才开始进行控制的。

（3）传递函数仅仅能够对单输入单输出的线性系统作阐述，不能对系统内

部中间变量的变化作研究[121]。

4.2.2 串行生产物流系统中传递函数的研究

对微分方程组或者经拉普拉斯变换后的代数方程组作消元处理，可以求得到控制系统的传递函数。若控制系统运用结构图或者信号流图，不仅能够很快地获得控制系统的传递函数，而且能够很简洁地表明输入信号和各个中间变量在控制系统中的变化过程。所以，结构图以及信号流图在控制理论中应用都很广泛。

4.2.2.1 系统结构图

A 系统结构图的作用

系统结构图是由方框和信号流向线组成的,它主要包括信号线、引出点、比较点和方框4个方面。系统结构图可以将非常烦琐的原理图简化成简明的框图,可以直观地看清楚所有的部件对整个控制系统性能的影响。同时,通过对某一系统结构图的研究,可以了解具有同类结构的各种系统的特性,从而简化了研究工作。系统结构图可以清楚地展示原理图上各变量间的信息传递关系以及元部件的数学模型。

图4-2所示就为一个非常简单的系统结构图。从此结构图中可以看出：

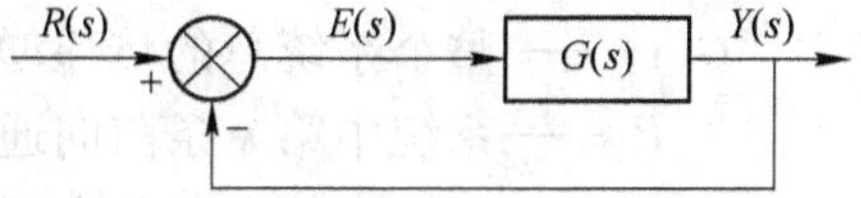

图4-2 系统结构图

（1）系统结构图阐释了整个系统的内部结构以及信号的传递方向。

（2）系统结构图阐释了信号在整个控制系统传递过程中相应的数学关系。

（3）系统结构图能够很简单地进行简化并获得整个控制系统的传递函数。

B 系统结构图的简化

系统结构图是由串联、并联以及反馈这三种基本方式形成的。在结构图的简化中，这三种连接形式经常会出现交叉，这时可以把信号比较点或者信号引出点做一些适当的移动，以解除交叉情形。采取移动的方式不一样，结构图的简化过程也就不一样，但无论采取任何方式，最后得到的系统传递函数都是一样的。所以，结构图简化不仅需要保证简化前后前向通道中传递函数的乘积是一样的，而且还要保证简化前后回路中传递函数的乘积是一样的。

4.2.2.2 信号流图

当控制系统非常复杂时，系统结构图往往是多回路的，且相互交叉，因此结构图的简化过程非常烦琐，极易出错。由梅森提出的信号流图是一种信号走向传递方式，比结构图更简单明了，其原理是采用图示的方法来描述一个或一组线性数学代数方程。信号流图不仅可以表示系统结构的特点，而且还可以利用梅森公式简单快速地列出系统的传递函数。因此，信号流图在生产控制中的应用也非常地普遍。

信号流图主要分两部分——节点与支路，是阐述控制系统的结构与信号传递过程的一种数学模型。任何线性数学方程都可以用信号流图表示，若是含有微分或积分的数学线性方程，一般应对其进行拉普拉斯变换，然后再画出信号流图[122]。信号流图如图4-3所示。

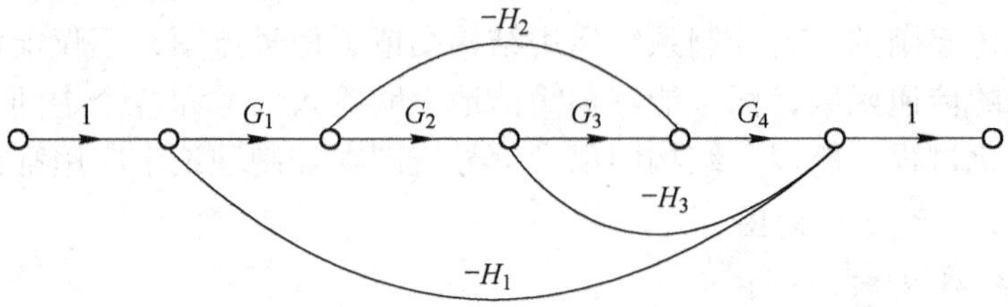

图4-3 系统信号流图

对比较复杂的系统来说，简化信号流图不是一件简易的事情，此时可以直接采用梅森公式（见式（4-3））求出系统的传递函数。

$$G(s) = \frac{1}{\Delta}\sum_{k=1}^{n} P_k\Delta_k \tag{4-3}$$

式中 $G(s)$——整个系统总的传递增益；

P_k——系统中第 k 条前向通道的增益；

Δ_k——系统中第 k 条前向通道特征式的余因子式；

n——系统的前向通道总数；

Δ——系统中信号流图的特征式。

$$\Delta = 1 - \sum L_1 + \sum L_2 - \sum L_3 + \cdots \tag{4-4}$$

式中 $\sum L_1$——控制系统中全部单个回路的增益的和；

$\sum L_2$——控制系统中所有的两个互不交叉的单个回路的增益乘积的和；

$\sum L_3$——控制系统中所有的三个互不接触的单个回路的增益乘积的和。

显然，对于一个复杂的系统来说，按照梅森公式获得传递函数较为简洁。但是在运用梅森公式的时候，必须要全面考虑，即不可以漏掉或者重复所必须计算的回路和前向通道，否则很难得到正确的结果。

4.3 串行生产物流系统在制品库存模型的建立

4.3.1 在制品库存控制模型

根据串行生产物流系统的基础理论，同时考虑实际的生产加工过程中，各加工工段间的理想库存与实际数量有一定的偏差，本书构建成了一个简单的串行生产物流系统在制品库存模型，如图4-4所示。图中，W_{Di} 为理想在制品库存；I_{Ai} 为实际在制品库存。

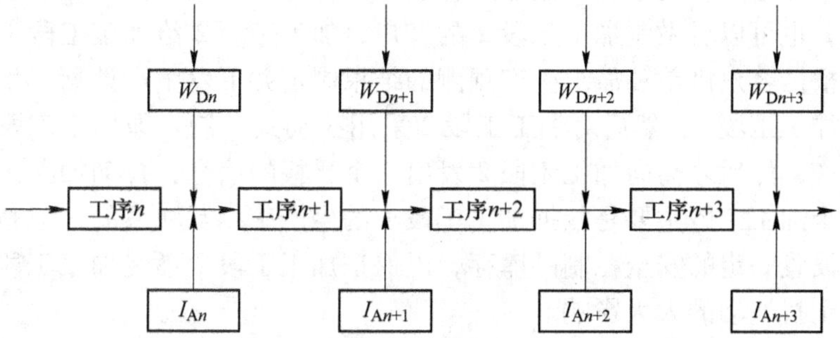

图 4－4 加工工段中的理想和实际库存模型

在串行生产物流系统的研究中，通常把生产系统中的两个加工工段作为研究对象。而实际生产加工中的串行生产物流系统往往都有许多工段，因此可以对整条串行生产物流系统两个工段两个工段地分析，就如同常数相加。考虑前馈和反馈集成环节的应用，再结合串行生产物流系统各加工工段间理想库存和实际库存存在的差异，两个加工工段间的在制品库存模型可表示为图 4－5 所示模型。

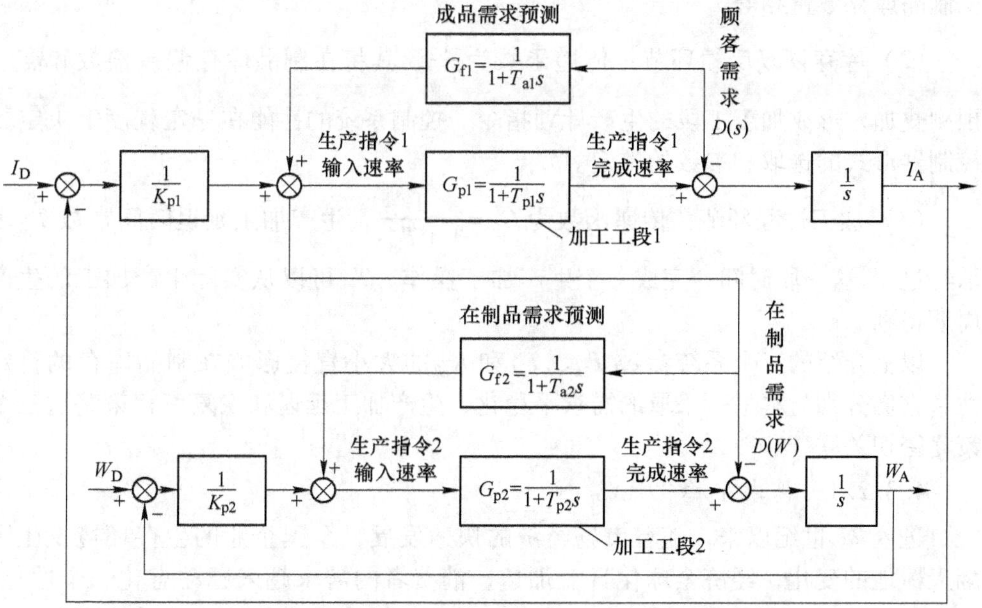

图 4－5 串行生产物流系统在制品库存的模型

G_f—需求预测环节的传递函数；G_p—生产延迟的传递函数；$D(s)$—顾客需求；$1/K_p$—回复库存反馈的传递函数；$D(W)$—在制品需求；I_A—实际的成品库存；W_D—理想的在制品库存；W_A—实际的在制品库存；I_D—理想的成品库存；T_p—生产加工延迟时间；$1/s$—积分环节，代表生产加工过程中的库存（产成品和在制品库存）的累积；T_a—需求信息时间在此串行生产物流系统在制品库存模型中，加工工段 1 可以表示成顾客消费的产成品，也可以看做是加工工段 2 的客户，加工工段 2 给加工工段 1 供应在制品库存。根据客户订单和需求生产预测的结果制定并下发生产计划，生产计划首先下发给加工工段 1，然后对加工工段 2 采用拉动式控制。即加工工段 1 首先开始进行生产，然后才会向加工工段 2 发出一个看板的信号，拉动加工工段 2 进行生产。两个加工工段主要是根据加工工段 1 的生产率相互联系的，但是要在加工工段 2 上设置一定的安全在制品库存，以保证加工工段 2 不受加工工段 1 的外界需求随机干扰波动的太大影响。

4.3.2 串行生产物流系统的控制模型分析

我们都知道，任何一个生产过程都可以用控制理论中的传递函数表示，所以为了更好地研究在制品库存，本节用三个传递函数分别表示上述在制品库存控制模型中的需求预测、库存恢复和加工过程环节。

（1）需求预测环节：需求预测平稳化的传递函数是 $G_{\mathrm{f}}=\dfrac{1}{1+T_{\mathrm{a}k}s}$，其中需求信息时间常数 $T_{\mathrm{a}k}$ 表示通过 $T_{\mathrm{a}k}$ 这一段时间，实际需求的在制品库存数量才与理想在制品库存数量相等。

（2）库存恢复反馈环节：传递函数为 $\dfrac{1}{T_{\mathrm{p}k}}$，其将在制品库存偏差倍数和需求预测叠加，形成加工工段的生产计划指令。控制系统的性能在一定程度上决定于控制器形式的选取和参数的整定。

（3）加工过程环节：传递函数为 $G_{\mathrm{p}}=\dfrac{1}{1+T_{\mathrm{p}k}s}$，生产加工延迟时间常数 $T_{\mathrm{p}k}$ 表示经过 $T_{\mathrm{p}k}$ 这一段时间，完成一个生产加工操作。$T_{\mathrm{p}k}$ 可以从实际生产加工的生产周期得到。

以上介绍的三个系统参数 $T_{\mathrm{a}k}$、$T_{\mathrm{p}k}$ 和 $K_{\mathrm{p}k}$ 的大小直接影响在制品库存的稳定性，它们分别与本书所采取的需求平稳化、生产加工延迟和恢复库存策略这三个策略密切关联。

4.3.2.1 需求平稳化策略

进入 21 世纪以来，随着市场经济的快速发展，全国企业的生存环境发生了翻天覆地的变化，经济全球化日益加速，消费者的需求越来越动态化、个性化，各企业都处于愈来愈残酷的市场竞争中。为了在竞争中获胜，企业就需要以最短的生产时间、最低的生产成本把最好的产品供给顾客，这使得对市场经济的变化和自身产品业务的发展前途进行估量、进行确切实时的产品销售预测以及因上述这些产生的可靠决策，成为当今企业在激烈的角逐中获得胜利的关键因素。

管理的关键因素是可靠的决策，而决策的基础条件是预测，在决策的实施过程中，为了使决策可以顺利地推进，就需要进行生产需求预测来降低不确定性，加强对未来的预见性[123]。若生产需求预测不准确，就不可能得出正确的决策，也不可能制定科学的生产计划。若企业生产之前不做生产需求预测，一直等到收到客户订单后才知晓加工什么、加工多少，那么将会出现失销。所以，任何一个企业都必须进行生产需求预测。企业要适时地调整其生产能力，在基于客户满意度的同时，尽可能地减少生产率的波动，保持生产加工能够稳定进行[124]。企业在进行预测时，若忽略了一个逐渐变化的需求信息，在制品库存就会不断减少甚至短缺；若忽略了一个紧急的订单，在制品库存就有可能出现永久短缺的情况。所以，企业在作生产需求预测时必须要重视当前的需求信息。但是若仅仅只考虑当前的需求信息，而不对需求的信息作平均化处理，就会致使生产率出现强烈波动，最终使间接生产成本增加。所以，本书在建立的模型中采取了需求平稳化策略进行需求预测。

研究表明，因为误差全补偿常常不能确切地实现，而控制理论中的一阶滞后形式与指数平稳化预测比较相似，而且几乎不需要储存任何数据，在短期预测方面也很准确，所以本书选此方法。外界需求干扰对系统偏差的补偿方式见式(4-5)。

$$G_n(s)=\frac{1}{1+T_a s} \tag{4-5}$$

4.3.2.2 生产加工延迟策略

生产加工延迟策略是一种转换过程。生产加工控制系统是一个动态的系统，所有加工工段的生产与输入是动态变化的，即使在同一时刻，生产加工控制系统的输入与输出也都不会相同，即生产加工过程中存在着延迟现象。

在现实中的加工过程中，因为经常受一系列因素的影响，比如人员缺失、机械故障和管理疏忽等，生产系统中原料的输入率和产成品的输出率就有一定的差异，继而导致生产出现延迟状况。为了在控制模型中能够更好地理解，本书就将所有的延迟合并成一个常数 T_p。T_p 是生产加工延迟的时间常数。

生产延迟的表达式见式（4-6）。

$$e^{-T_p s}=\frac{1}{\left(1+\frac{T_p s}{n}\right)^n} \tag{4-6}$$

式中 n——控制系统阶数；

s——拉普拉斯算子。

可见，$n=1$ 时为指数延迟，$n=3$ 时为立方延迟。仿真结果表明，立方延迟不容易被控制，而指数延迟能很好地体现生产中产品的流动特征，可以取得较优的仿真效果。所以，本书建立的模型选用指数生产加工延迟的方法。

4.3.2.3　恢复库存策略

在实际的加工生产中，通常有一种误区，即在拟定生产计划目标的时候，要在一定的时间内，可以恢复全部在制品库存的偏差。但是在这一段时间内，生产加工过程会产生大量的在制品，导致库存迅速增大，继而企业再以低于顾客需求的水平加工生产，直至库存恢复。这样就会导致生产率持续波动，致使生产制造成本持续增加。因此，为了避免在制品库存出现大量堆积，并且稳定生产率，本书采取前馈－反馈结合为一体的恢复库存策略。恢复库存策略有三种方式。

A　反馈控制方式

反馈控制主要是根据偏差来达到控制目的的，即不管是何种因素使得被控制量和理想值不同，系统肯定会生成一个控制作用来降低或者消除偏差，这样就使得被控制量和理想值几乎接近。反馈控制事实上是用过去已经发生过的情形来指导和控制现在与未来[125]。

反馈控制系统如图4－6所示。图中，$G_f(s)$ 为干扰通道的传递函数；$G_c(s)$ 为反馈控制环节的传递函数；$G_1(s)$、$G_2(s)$ 和 $G_3(s)$ 为被控对象的传递函数；$H(s)$ 为反馈通道的传递函数。则系统输出见式（4－7）。

$$Y=\frac{(XG_cG_1G_2G_3+MG_f)G_3}{1+FHG_1G_2G_3} \tag{4-7}$$

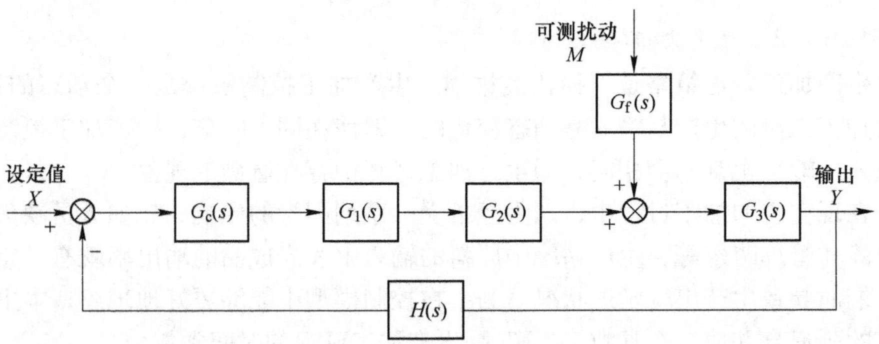

图4－6　反馈控制系统

虽然反馈控制方式不总是最可行的，但它却是各方法中最简单和鲁棒性最好的方法。总的来说，反馈控制方式在过程参数在非常大的范围内变化时依然能够工作，因此取得了更广泛的应用。

B　前馈控制方式

前馈控制主要作用在开环控制中，一般在闭环系统中，与反馈控制集合为一体。研究结果表明，引入前馈控制不仅能够及时克服外界需求波动的影响，而且还能够对系统的动态性能作良好的控制。与反馈控制方式相比，前馈控制方式具有非常强的跟踪性与预知性等优点。但是前馈控制的稳定性和准确性比较差，容易造成不够理想的控制效果[126]。

前馈控制系统如图 4-7 所示。图中，$G_f(s)$ 为干扰通道的传递函数；$G_d(s)$ 为前馈补偿装置函数；$G_1(s)$ 为给定输入的传递函数；$G_2(s)$ 和 $G_3(s)$ 为控制通道的传递函数。则控制系统输出见式（4-8）。

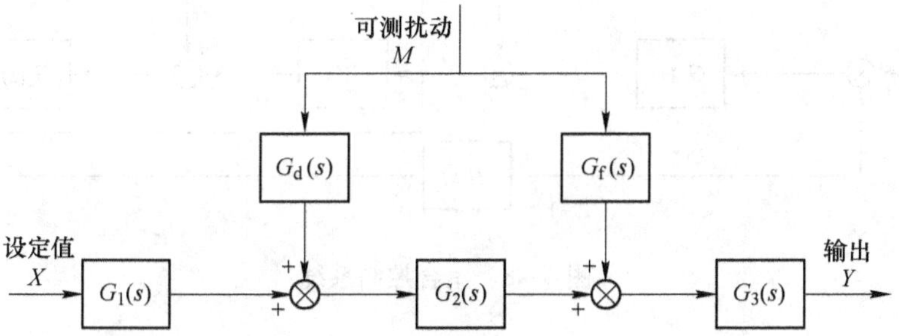

图 4-7 前馈控制系统

$$Y = XG_1G_2G_3 + M(G_dG_2 + G_f)G_3 \qquad (4-8)$$

由式（4-8）可知，无论控制系统怎样，只要干扰信号 M 及 G_f 可以测出，前馈控制系统就可以构出 G_d 满足式（4-9），从而消除对系统干扰的影响。

$$G_d = -G_f/G_2 \qquad (4-9)$$

C 前馈-反馈集合方式

前馈控制是根据对生产系统目前工作情况的分析，预测生产控制系统下阶段工作的运行状况。若预测结果与期望值有偏差，为了可以使外界干扰得到补偿，就提早给出控制信号以实现稳定输出。前馈控制的缺点是由于采用开环控制方式，如果前馈参数不适合反而会扩大扰动的影响。在实际生产系统中，很多干扰因素都是不可测的，被控对象也不都是可以得到精确模型的，而且在运行的过程中被控对象自身的结构也会改变，所以仅仅采用前馈控制无法得到理想的控制效果。此时就要引入反馈控制，反馈控制是无论被控对象的模型怎样，也无论外界的波动干扰可不可测，只要存在偏差，就可以依据偏差有效地消除稳态误差，解决前馈控制的不可测干扰问题[127]。

前馈-反馈集合控制系统如图 4-8 所示，系统输出见式（4-10）：

$$Y = \frac{[G_f(s) + G_d(s)G_1(s)]G_2(s)}{1 + G_c(s)G_1(s)G_2(s)H(s)}M(s) \qquad (4-10)$$

若仅仅只有前馈控制时，系统输出见式（4-11）：

$$Y(s) = [G_f(s) + G_d(s)G_1(s)]G_2(s)M(s) \qquad (4-11)$$

由上可以看出，前馈-反馈集合方式和前馈控制方式相比较，干扰量对被控

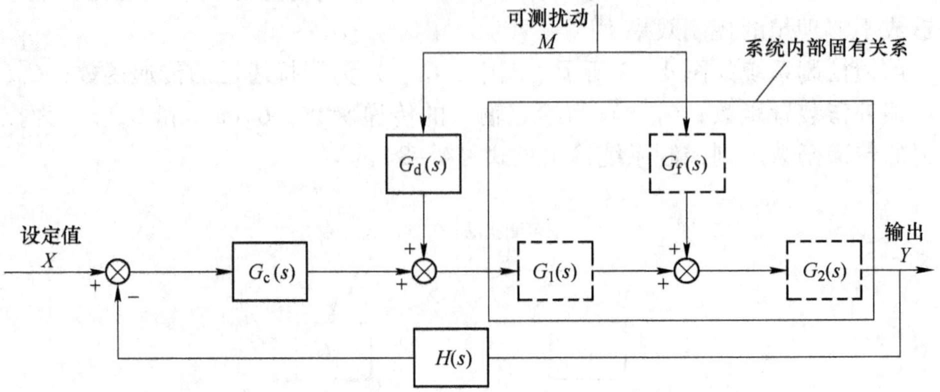

图 4－8　集合控制系统

制量的影响前者是后者的 $1/[1+G_c(s)G_1(s)G_2(s)H(s)]$。可见，前馈－反馈集合方式提升了生产控制系统的抗干扰力，同时也解决了提升生产控制系统的稳定性和减小稳态误差间冲突的问题。

5 基于改进遗传算法的在制品库存 PID 控制技术

要对串行生产物流系统在制品库存波动情况进行研究和分析，就要构建与生产系统相应的控制理论模型，并要对系统的动态行为进行大量的模拟。而要想有效地控制生产加工系统的在制品库存，就应该选取比较好的控制算法，如 PID（比例积分微分）控制等。

PID 控制算法之所以能成为应用很广泛的控制方式之一，是因为它具备原理简单、鲁棒性优和可靠性高等多种优点。但由于实际生产加工过程一般都有不确定性和非线性等特征，很难构建精准的数学控制模型，因此一般的 PID 控制器不能给生产加工系统带来很好的控制效果。随着计算机先进技术与最优控制理论的快速发展，专家系统、模糊控制、神经网络和遗传算法越来越受到控制界的注重，为控制复杂、时变不确定生产系统另辟了新径。

为了能够反映生产加工过程中的动态特征，同时还能实现在外界需求干扰波动的条件下对在制品库存进行良好控制，本章在控制理论的基础上，结合改进遗传算法（MGA）构建了串行生产物流系统在制品库存控制模型，并结合 PID 控制器相关参数的优化整定实现了对系统的有效控制，继而确保了在制品库存不受需求波动影响，能够稳定输出。

5.1 PID 控制器概述

5.1.1 PID 控制器原理

PID 控制器对系统输入的误差信号 $e(t)$ 作比例（P）、积分（I）和微分（D）数学运算后给出控制信号 $u(t)$，从而实现对被控对象（工业过程）控制的目的。它不仅不需要对系统的动态过程有很多的预知，而且能够提高生产系统的可控性和稳定性，所以在工业生产过程中一直被广泛应用[128]。

图 5－1 所示为常规的 PID 控制系统。系统是由 PID 控制器与被控对象工业过程两方面构成的，其基本原理是依据系统给定值与实际的输出值形成偏差来达到目的，见式（5－1）。

$$e(t)=r(t)-y(t) \tag{5-1}$$

由上述 PID 控制结构图可以获得 PID 控制算法，见式（5－2）。

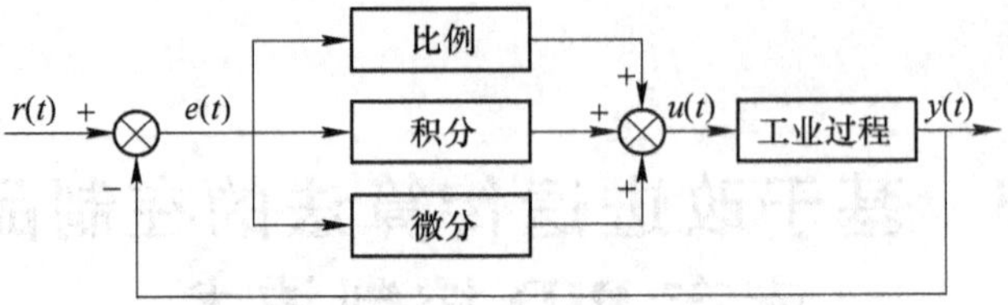

图 5－1　常规 PID 控制系统

$$u(t) = K_p\left[e(t) + \frac{1}{K_i}\int e(t)\mathrm{d}t + K_d\frac{\mathrm{d}e(t)}{\mathrm{d}t}\right] \tag{5-2}$$

或者写成常见的传递函数，见式（5－3）。

$$U(s) = K_p\left(1 + \frac{1}{K_i s} + K_d s\right)E(s) \tag{5-3}$$

式中　K_p——比例增益系数；

K_i——积分时间常数；

K_d——微分时间常数。

PID 控制器要保持良好的效果在一定程度上取决于 K_p、K_i 与 K_d 这三个参数的取值。表 5－1 详细描述了 PID 控制器中三个控制单元的用途[129]。

表 5－1　PID 中各个控制单元的作用

控制单元	作　用
比例环节（P）	该控制环节中，输出端是成比例地反映系统的偏差信号 $e(t)$，它可以对控制系统的偏差做出快速的反应；一旦检测到偏差，控制器立即产生相应的控制作用来试图减小这一偏差；增大比例控制系数可减小系统的稳态误差，进而提高系统的控制精度，但同时这也会降低系统的相对稳定性，甚至可能导致系统出现不稳定；比例环节一般不会单独使用
积分环节（I）	该控制环节主要起到消除稳态误差、改善系统稳态性能的作用；进行调节控制时，将偏差累积的结果作为输出，只要偏差存在，积分项就会不断增大控制器的输出，进一步降低系统的稳态误差直至为零；但是随着积分时间的延长，积分控制作用增强，闭环系统的稳定性也会变差；积分常数 K_i 越大，积分作用越强，反之则越弱；积分环节一般也不会单独使用
微分环节（D）	微分控制环节主要作用是可以阻止偏差的变化，克服系统的振荡，使系统逐渐趋于稳定，并能及时地对控制系统进行跟踪；微分控制中控制器的输出和输入误差信号的微分成正比关系，只有当系统输入误差随时间变化时，该环节才会对系统控制起到作用，而对无变化或缓慢变化的对象不起任何作用；微分控制不能单独与被控对象串联使用，只能构成 PD 或 PID 控制器

5.1.2　数字 PID

计算机控制实际上仅仅可以按照系统采样时刻产生的偏差来计算控制量，所以在 PID 控制中，必须对其作离散化操作。数字 PID 一般可以分成为两类，下面进行具体介绍。

5.1.2.1 位置式 PID 控制算法

因为计算机控制实际上是按照系统采样时刻产生的偏差来运算控制量的，所以必须要对式（5-4）中的积分项以及微分项作离散化操作，不可以直接地选用。按照 PID 控制算式，连续的时间 t 由采样时刻 kT 替换，积分项可以由求和式替换，微分项由增量式替换[130]。

$$\left.\begin{aligned} & t \approx kT(k=0,1,2,\cdots) \\ & \int_0^t e(t)\,\mathrm{d}t \approx T\sum_{i=1}^{k} e(iT) = T\sum_{i=1}^{k} e(i) \\ & \frac{\mathrm{d}e(t)}{\mathrm{d}t} \approx \frac{e(kT)-e[(k-1)T]}{T} = \frac{e(k)-e(k-1)}{T} \end{aligned}\right\} \tag{5-4}$$

式中，T 为采样时间。

从上式可见，要确保系统有足够确切的精度，采样周期 T 必须很小。为了便于书写和研究，把 $e(kT)$ 简化为 $e(k)$，即把 T 去掉了。把式（5-4）代入式（5-2）可以得到离散的 PID 控制器算式，见式（5-5），即将其进行后向差分离散化处理。

$$u(k) = K_{\mathrm{p}}e(k) + K_{\mathrm{i}}\sum_{i=1}^{k} e(i) + K_{\mathrm{d}}[e(k) - e(k-1)] \tag{5-5}$$

式中 k——采样序列，$k=0, 1, 2, \cdots$；

$u(k)$——第 k 次采样时刻系统输出值；

$e(k)$——第 k 次采样时刻系统输入偏差值；

$e(k-1)$——第 $k-1$ 次采样时刻系统输入偏差值；

K_{i}——积分系数，$K_{\mathrm{i}} = K_{\mathrm{p}}T/T_{\mathrm{i}}$；

K_{d}——微分系数，$K_{\mathrm{p}} = K_{\mathrm{p}}T_{\mathrm{d}}/T$。

由于位置式 PID 控制算法输出量和以前的状态相关，每一次输出运算时都需要对 $e(k)$ 作累加处理，因此在一定程度上增大了运算时的工作量。

5.1.2.2 增量式 PID 控制算法

当系统需求的是控制增量的时候，依据递推理论能够由式（5-5）推算出增量式 PID 控制算式（5-6）：

$$u(k-1) = K_{\mathrm{p}}e(k-1) + K_{\mathrm{i}}\sum_{i=1}^{k-1} e(i) + K_{\mathrm{d}}[e(k-1) - e(k-2)] \tag{5-6}$$

式（5-5）减去式（5-6），可以获得式（5-7）。

$$\Delta u(k) = K_{\mathrm{p}}[e(k) - e(k-1)] + K_{\mathrm{i}}e(k) + K_{\mathrm{d}}[e(k) - 2e(k-1) + e(k-2)] \tag{5-7}$$

即

$$\Delta u(k) = K_p \Delta e(k) + K_i e(k) + K_d [\Delta e(k) - \Delta e(k-1)]$$
$$u(k) = u(k-1) + \Delta u(k) \tag{5-8}$$

式（5 - 7）为增量式 PID 控制算法，式中 $\Delta e(k) = e(k) - e(k-1)$。

综上可知，位置式与增量式 PID 控制算法几乎不存在任何理论上的差异，但从整个系统来说，本书采用后者。因为将两者作比较，增量式 PID 算法存在下列优势：

（1）手动和自动转换的时候冲击非常小，很容易就能达到没有扰动的转换。另外，如果计算机出现了故障问题，因为输出通道对信号有一定的锁存作用，所以依旧可以维持原来的值。

（2）控制算式中不需要作累加处理。最近 k 次的系统采样值是确定控制增量 $\Delta u(k)$ 的决定因素。因此对其进行加权处理能够便于获得很好的控制效果[131]。

5.2　遗传算法基本理论

5.2.1　遗传算法定义

遗传算法（GA）的基本原理是模仿万物在自然生长环境中的遗传和进化继而构成的一种自适应全局优化搜索算法。遗传算法是一种强有力的寻优算法。它首先随机地生成一组潜在的解，继而用生物进化的过程（选择、交叉、变异），不断提升解的质量，最终获取最佳解。

作为一类随机优化的搜索方法，遗传算法与其他方法相比，具有以下几个特点：

（1）它的计算对象是决策变量的编码形式。这种方式，便于优化运算过程，它能够借鉴染色体与基因等理论知识，模仿遗传与进化等一系列的进程，也便于应用遗传操作算子。

（2）它能够直接地采用目标函数值作搜索信息进行运算。此功能对许多存在不能或者不易求导数等函数问题和组合优化问题的目标函数有非常大的用途，这些函数在运用遗传算法时就非常方便。

（3）它可以同时地获得两个甚至多个搜索点的搜索信息。这是遗传算法独有的隐含并行性特征。

（4）它采取概率搜索方法。为了提高随机搜索过程的灵活性，遗传算法的选择、交叉和变异等遗传操作都是以概率的形式来搜索的[132]。

5.2.2　遗传算法的运算过程

遗传算法的基本步骤如下：

（1）随机地生成初始的种群，每个个体采用生物遗传进化中的染色体与基因进行编码。

（2）计算种群中各个体的适应度值,然后检测是不是满足最终要求。如果满足,则输出最优个体和其表示的最优解,然后停止运算;如果不满足则转向步骤(3)。

（3）按照适应度来选择种群个体，适应度高的个体被选的概率非常大，而适应度较低的个体则有可能会被淘汰。

（4）依据相应可行的交叉概率与交叉方法，形成新的个体。

（5）依据相应可行的变异概率和变异方法，形成新的个体。

（6）依据遗传策略进行运算，过程中应用遗传方法对作用于种群的遗传算子作选择、交叉和变异操作，进而生成下一代群体。

（7）在运行的过程中，检查群体是否符合终止条件。若不符合，就需要转向步骤（6）继续运行，又或者根据步骤（3）修改遗传方略后再继续往下运行。

标准遗传算法的运算流程如图 5－2 所示。图中，P_c 为交叉概率；P_m 为变异概率。

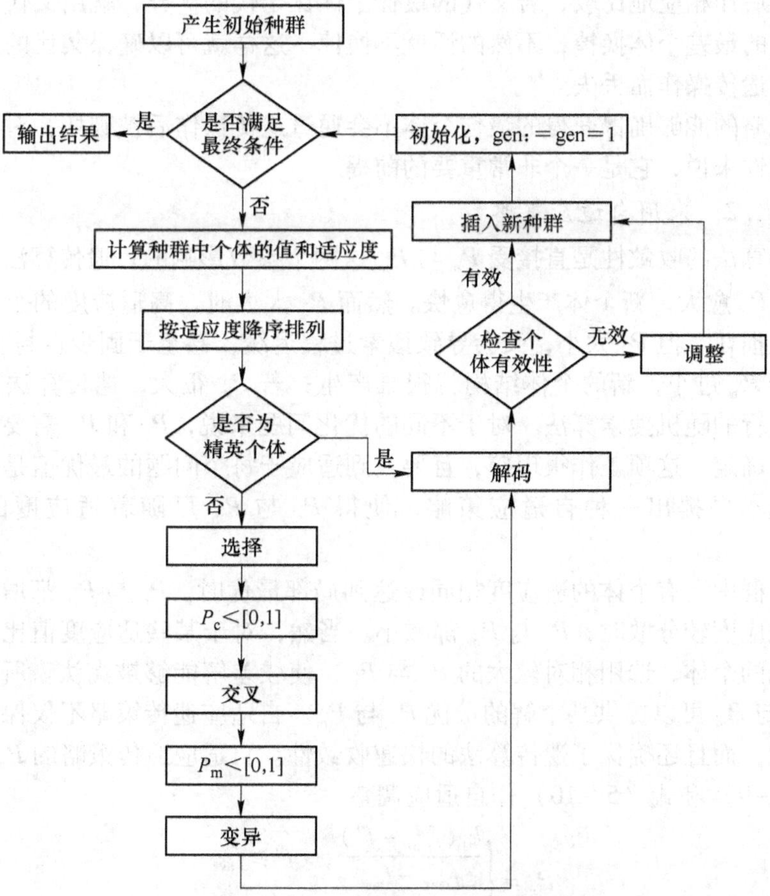

图 5－2 遗传算法的运作流程

5.3 PID 控制器参数的整定

5.3.1 改进遗传算法

尽管遗传算法已获得了比较普遍的应用，但是它依然有计算效率低、收敛速度慢、易早熟等缺点。为了提高遗传算法的性能，本书提出对标准遗传算法（GA）进行改进，获得改进型遗传算法（SGA）。目前，有很多学者对遗传算法进行了改进，经过对资料的大量收集和分析研究，本书将自己的思想和学者的这些改进方法进行结合。

5.3.1.1　采用最优保存策略

最优保存策略的目的是对适应度最大的个体不作遗传运算，而是将其直接选到下一代个体中。此策略能够确保某一代个体的最佳解不会被损坏。即父代进行遗传运算后作相应地比较，若父代的最佳个体比子代的优异，就用父代的最佳个体把子代的最差个体换掉，不然的话就不换掉。这样就可以确保父代的最好个体不会因为遗传操作而丢失[133]。

该策略的能够确保获得的最佳个体不会通过遗传操作后被破坏，对于遗传算法的收敛性来说，它是一个非常重要的前提。

5.3.1.2　采用自适应策略

遗传算法的收敛性是直接受 P_c 与 P_m 这两个参数影响的，遗传算法的性能也在于此，P_c 愈大，新个体产生得愈快。然而 P_c 太大时，高适应度的个体结构就很容易被损坏。但 P_c 太小，又会导致搜索过程迟缓，甚至于固步自封。对于 P_m 来说，若 P_m 过小，新的个体结构就很难产生；若 P_m 很大，遗传算法就成为了简单不可行的随机搜索算法。对于不同的优化问题来说，P_c 和 P_m 需要通过很多次实验来确定，这项工作很琐碎，且要找到适应于每个问题的最优值是非常困难的。因此本书提出一种自适应策略，使得 P_c 与 P_m 可随着适应度的改变而改变[134]。

当种群中所有个体的适应度相同或达到局部最优时，P_c 与 P_m 都增大；而当种群的适应度较分散时，P_c 与 P_m 都减小。当然，对于某些适应度值比种群平均适应度低的个体，选用相对较大的 P_c 与 P_m，使较差解能够被淘汰。所以，自适应的 P_c 与 P_m 可以提供某个解的最优 P_c 与 P_m。自适应遗传策略不仅保持了种群的多样性，而且还确保了遗传算法的快速收敛性。自适应遗传策略的 P_c 和 P_m 按照式（5－9）和式（5－10）作自适应调整。

$$P_c = \begin{cases} \dfrac{k_1(f_{\max} - f')}{f_{\max} - f_{\text{avg}}}, & f' \geqslant f_{\text{avg}} \\ k_2, & f' \leqslant f_{\text{avg}} \end{cases} \tag{5-9}$$

$$P_m=\begin{cases}\dfrac{k_3(f_{max}-f)}{f_{max}-f_{avg}}, & f\geqslant f_{avg}\\ k_4, & f\leqslant f_{avg}\end{cases} \tag{5-10}$$

式中 f_{max}——种群中最高的适应度值；

f_{avg}——种群中平均适应度值；

f'——两个要交叉的单体中较高的那个适应度值；

f——交叉后产生变异单体适应度值。

$k_1 \sim k_4$——修正因子。

只要修正因子 $k_1 \sim k_4$ 的数值域满足（0,1），P_c 和 P_m 就能够进行自适应调整。

从上述两个函数可知，单体修正匹配度值向其运算最大值接近时，单体间的基因互换以及突变的概率都降低；当匹配度值正好接近极值时，单体间基因互换概率和突变的概率都为0，此时此刻遗传种群停止进化，得到的极值就是需要的最佳匹配度值。在运算的最初期，优良单体几乎没有发生变异，也无任何变化，因此运算结果容易把这个优良单体作为最终的最佳单体。但目前的优良单体不一定是最终的最佳单体，所以，上述自适应公式进行如下修改，使得种群中最高适应度的优秀个体的 P_c 与 P_m 不为0，而是分别提升到0.5与0.002。在提高了种群优异个体的 P_c 与 P_m 之后，其就不可能处于近似固步自封的情况，而陷入局部收敛状态，因此改进后的遗传算法可以更好的求取最优解[135]。

修改后的 P_c 和 P_m 自适应调整公式见式（5-11）和式（5-12）。

$$P_c=\begin{cases}0.9-\dfrac{(0.9-0.5)(f_{max}-f')}{f_{max}-f_{avg}}, & f'\geqslant f_{avg}\\ 0.9, & f'\leqslant f_{avg}\end{cases} \tag{5-11}$$

$$P_m=\begin{cases}0.1-\dfrac{(0.1-0.002)(f_{max}-f)}{f_{max}-f_{avg}}, & f\geqslant f_{avg}\\ 0.1, & f\leqslant f_{avg}\end{cases} \tag{5-12}$$

5.3.2 改进遗传算法对 PID 控制器参数的优化整定

PID 控制是工业生产中应用最广泛的方法之一，由于它对控制效果有直接的影响，所以 PID 控制器参数的优化一直是学者们进一步需要分析的问题。当前有许多 PID 控制参数优化整定的方法，如单纯形法、继电器法、神经网络以及 Z-N 法（工程设计法）等等。尽管这些方式都具备不错的寻优性能，但它们也有一些不可避免的缺点。例如，单纯形法对初始值非常敏感，很容易陷入局部的最优化情形，导致寻优不佳；Z-N 法进行参数整定时，必须提前获取阶跃曲线，进行实时地调整控制参数会比较困难，由于 Z-N 法是由开环实验进行的，因此抗干扰能力比较差，且不可以根据实际情况来进行调整。而遗传算法可以随着控制对象的改变而改变，从而使得 PID 控制参数也跟着改变[136]。改进的遗传算法避免了标准遗传算法易早熟、收敛慢等弊端，其控制系统框图如图 5－3 所示。

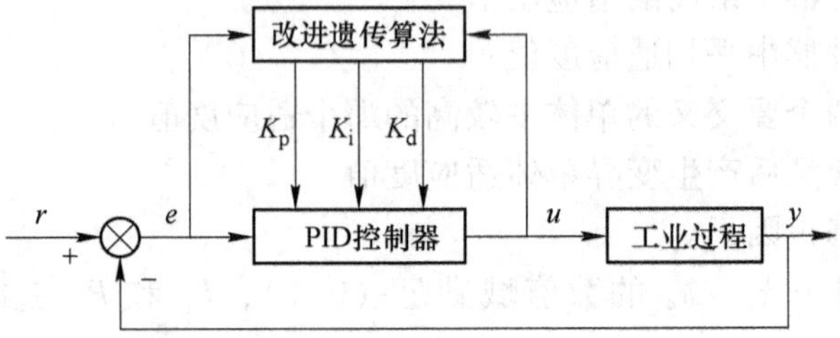

图 5－3　基于改进遗传算法的 PID 控制的结构

应用上述算法策略，本书对下面要介绍的两个生产加工工段 $G_{p1}=\frac{1}{0.0791s+1}$和 $G_{p2}=\frac{1}{0.1188s+1}$的工业被控对象进行仿真实验。运用 MATLAB 软件编写相应的程序，为后面的仿真奠定基础。

由简单的 Z－N 法可以初步确定参数 K_p、K_i 和 K_d 的搜索空间。本书取搜索空间为$[(1-\alpha)ZN,(1+\alpha)ZN]$，其中搜索空间系数 α 为 0.6，即：$0.4534\leqslant K_p\leqslant 2.5188$，$0.2763\leqslant K_i\leqslant 1.5947$，$0.2419\leqslant K_d\leqslant 1.5103$。

根据 Z－N 法得到了三个参数的估计区间后，再用上述改进的遗传算法对其进行精确处理，但在进行整定时，改进的遗传算法需注意以下几点：

（1）采用实数编码，对两个实数以上参数的函数问题来说，就需要采取多参数级联编码的方法。本书的 PID 控制参数整定问题就是三个参数需要同时被优化，即将参数 K_p、K_i、K_d 分别进行编码之后，再把这三个编码首尾串联起来组成一个整体个体编码。

（2）初始种群由计算机随机产生，种群大小设为 30，最大迭代次数为 500 代。

（3）运用比例选择法进行选择，这主要是根据适应度较高的个体，被选择的概率就越大。

（4）交叉操作采用双点交叉，先在编码串中随机地设定两个交叉处，继而再交换其中一部分基因，使优良的基因模式尽可能地组合在一起。

（5）采取均匀变异进行变异操作，它能够使得搜索点在整个搜索过程范围内自由地来回移动，从而维持群体的多样性。

（6）若过渡过程中的动态偏差过大，又或者是建立的时间过长，则得到的控制效果会很差，生产控制系统的性能评价指标为 $IE=J=\int_0^{\infty}e(t)\mathrm{d}t$。然而由于遗传算法仅仅追寻最大值，而且不可以是负值，所以适应值函数 J 取 $\frac{1}{IE}$ [137]。本书主要是研究将串行生产物流系统中的每个加工工段的在制品库存限定在一个理想的值，在外界需求发生干扰波动的时候，尽量使库存保持稳定状态。

运用 Z－N 法、标准遗传算法（进行比例选择，单点交叉，$P_c=0.7$，$P_m=0.001$）和改进遗传算法分别对系统中加工工段 1 采用的 PID 控制器作参数寻优，仿真结果比较见表 5－2。

表 5－2　不同优化方法的结果比较（误差带取 5%）

PID 控制器参数寻优法	K_p	K_i	K_d	控制超调量 $\sigma/\%$	采样调节时间 T_s/s
Z－N	1.447	0.987	0.856	34.27	6.9
标准遗传算法	1.312	0.874	0.672	11.9	5.0
改进遗传算法	1.401	0.698	0.713	5.2	4.1

显然，仿真结果表明：与 Z－N 法比较，改进遗传算法可以确保闭环系统具备更优的鲁棒性，而且控制过程中的超调量也减小了，调节时间也更短了，具有相当好的可行性；与标准遗传算法比较，改进遗传算法的调节时间更短，搜索效率更高，显示了非常好的性能。

5.4　串行生产物流系统在制品库存 PID 控制模型

结合上述构建的串行生产物流系统在制品库存控制模型以及改进遗传算法优化整定 PID 控制器参数的一些优点，要实现对串行生产物流系统在制品库存的有效控制，最关键的是要明确优化后的 PID 控制器在在制品库存控制模型中的位置。在控制模型中，PID 控制器有 3 种位置：

（1）优化后的 PID 控制器 $G_{c1}(s)$ 仅仅引入加工工段 1 的反馈通道中。

（2）优化后的 PID 控制器 $G_{c2}(s)$ 仅仅引入加工工段 2 的反馈通道中。

（3）在两个加工工段的反馈通道都引入优化后的 PID 控制器。

采取第一种放置形式，顾客需求 $D(s)$ 和在制品库存 $W_A(s)$ 间的传递函数是：

$$G(s)=\frac{sG_{p2}G_{f1}G_{f2}+G_{p2}G_{c1}G_{f2}-sG_{f1}-G_{c1}}{s^2+s(G_{p2}+G_{p1}G_{c1})+G_{p1}G_{p2}G_{c1}} \tag{5-13}$$

采取第二种放置形式，顾客需求 $D(s)$ 和在制品库存 $W_A(s)$ 间的传递函数是：

$$G(s)=\frac{sG_{p2}G_{f1}G_{f2}+G_{p2}G_{f2}-sG_{f1}-1}{s^2+s(G_{p1}+G_{p2}G_{c2})+G_{p1}G_{p2}G_{c2}} \tag{5-14}$$

采取第三种放置形式，顾客需求 $D(s)$ 和在制品库存 $W_A(s)$ 间的传递函数是：

$$G(s)=\frac{sG_{p2}G_{f1}G_{f2}+G_{p2}G_{c1}G_{f2}-sG_{f1}-G_{c1}}{s^2+s(G_{p2}G_{c2}+G_{p1}G_{c1})+G_{p1}G_{p2}G_{c1}G_{c2}} \tag{5-15}$$

式中 G_{ck}——PID 控制器的传递函数；

G_{pk}——两个加工工段的传递函数；

G_{fk}——两个加工工段中需求预测前馈通道的传递函数。

优化后的 PID 控制器在串行生产物流系统在制品库存控制模型中放置方式不相同，顾客需求 $D(s)$ 与 $W_A(s)$ 间的传递函数也就不相同，也就是动态生产加工控制系统下的零点和极点不相同，对同样的需求干扰波动量的响应就不相同。若本书研究的 PID 控制器非常合适、精准，采取级联控制方式，在同样的顾客需求 $D(s)$ 条件下，生产物流系统在制品库存 $W_A(s)$ 要比上述两种控制方式有效。所以，本书在模型中采取级联控制方式，即在两个加工工段的反馈环节上都引入 PID 控制器。串行生产物流系统在制品库存 PID 控制模型如图 5-4 所示。

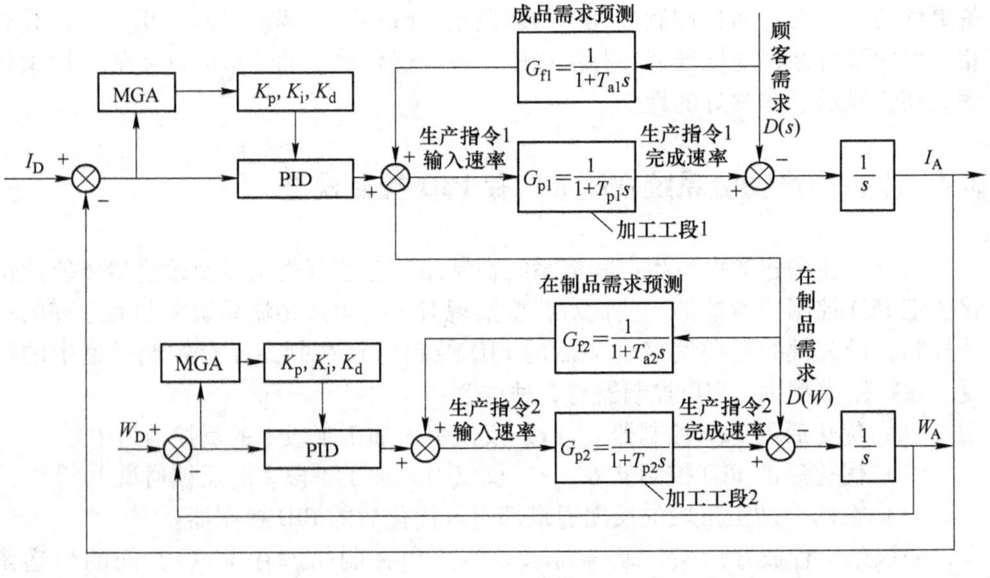

图 5-4 串行生产物流系统在制品库存 PID 控制模型

要对生产加工系统进行动态控制，就必须要采取一种简洁和方便的表达方式。很显然，传递函数既不能呈现生产系统的内部结构，也不能对生产系统的性能作动态实时的变化，以达到更可靠地适应生产系统动态特征的目的。所以本书采用系统框图仿真的方法。此法在表达系统内部结构的同时，也能够适应系统的动态与及时性等特征。后面将运用 Simulink 软件并且结合企业实例作具体详细地分析。

6 基于PID控制的串行生产物流系统在制品库存控制

6.1 MATLAB和Simulink简介

6.1.1 MATLAB简介

美国MathWorks公司推行的MATLAB软件一直是国际控制界应用与影响最广的首选计算机工具。它可以较容易地处理计算问题，也能够使用户不再苦恼于复杂琐碎的基础编程，而将宝贵的时间用在解决难题上。

通过多年的发展和改善，和其他程序语言相比较，MATLAB软件具备以下优势：

（1）简单高效性。MATLAB软件的语言有着高度集成、语句简单等多种优点。采取C、C++等语言进行编写，需要数百条语句才可以完成的问题，若采取MATLAB软件语言仅仅需要一条语句就完全能够解决，且其维护很容易，能在很大程度上提升优化问题的效率与水平。

（2）科学计算能力。MATLAB软件采用矩阵为基本单元，能够直接用于矩阵计算。另外，最优化问题、微积分问题和数据处理问题等都可以直接采取MATLAB软件进行求取。

（3）绘图功能。MATLAB软件能够采用很简洁的语句把数据或者计算结果以图形的形式呈现出来，并且能够把一些很难表现出的隐函数直接地运用曲线来绘制。它还具有庞大的工具箱和模块集，几乎涵盖应用数学和控制领域上所有的研究方向。这些工具箱和模块集由研究范围内著名专家编写，可靠度很高。

（4）强大的动态系统仿真性。MATLAB软件中的Simulink模块提供的基于框图的控制仿真，使作业人员可以轻松地构建复杂的系统控制模型，确切地对其进行仿真分析。

6.1.2 Simulink简介

Simulink是MATLAB软件平台下的一个附属软件。在Simulink中，用户不需要注重烦琐的语言程序，只需利用模型化图形输入输出构建系统模型，从而实现动态系统的建模与仿真。在实际中，几乎所有的系统都是非线性的，但其中有一些系统的非线性特征不是很明显，所以可忽略掉其非线性性能，把它简化成线性系统进行处理，这样用线性系统的基础与方法就能够直接进行剖析。然而有一些系统的非线性特征特别严重，不可以忽略此环节。如果一个基于框图的仿真程序问题，根据需要能够采取框图的方式构建起控制系统的仿真模型，则对于复杂系统的问题解决起来就易如反掌了。Simulink 软件可以较容易地解决控制流程框图问题能够给出一种更加快捷和更加简单的方式，使我们能够很快地得到控制系统的仿真图。

本章对生产控制系统在制品库存的建模和仿真就是依据 MATLAB 和 Simulink 软件进行的。

6.2 在制品库存的 Simulink 仿真实现

本节以某公司液压转向器生产线为例，进行在制品库存的 Simulink 仿真，液压转向器如图 6 – 1 所示。液压转向器俗称转向机，它在运转的过程中可以随意变化运转途径与方向，在农业、船业、林业和矿业等低速重载车辆上得到了广泛应用。

图 6 – 1 液压转向器

液压转向器是一个非常复杂且用途很大的零件，其中的小零件有很多。它是由连杆块组件、联动轴、阀体、阀芯、限位柱、定子、转子等组成的，如图 6 – 2 所示。

其中，定子的加工工艺与单件平均加工工时见表 6 – 1。

为了分析方便，本节将第 1、2 道工序合并为一道工序，将第 3、4 道工序合并为一道工序，以便于建模仿真。假设两道工段间的工件整合时间为 4min，那么合并后的定子的加工工艺与单件平均加工工时见表 6 – 2。

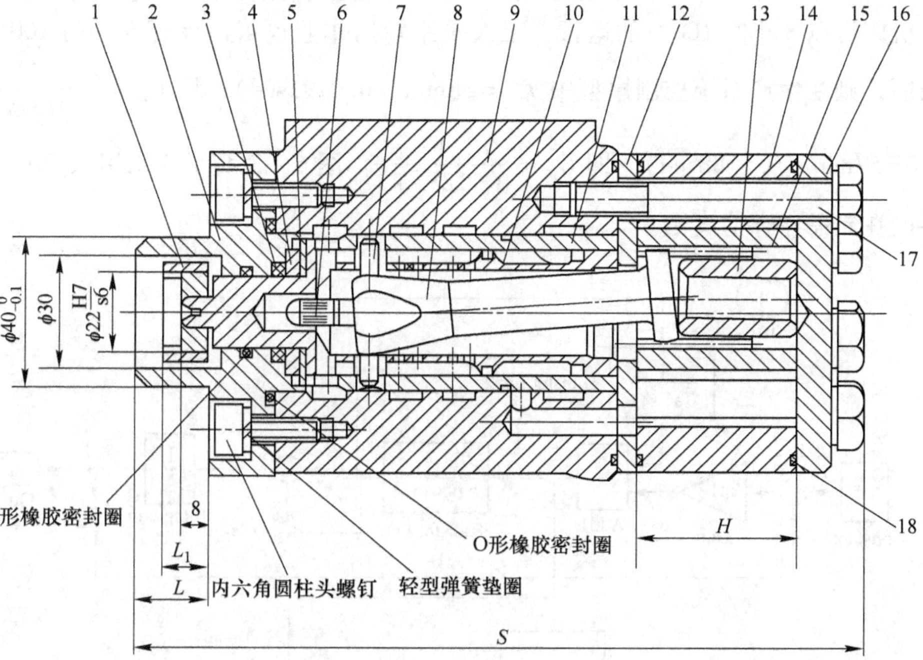

图 6-2 液压转向器内部结构图

1—连杆块组件；2—前盖；3—X 形密封圈；4—挡环；5—滑环；6—弹簧片；7—拔销；
8—联动轴；9—阀体；10—阀芯；11—阀套；12—隔盘；13—限位柱；
14—定子；15—转子；16—后盖；17—螺栓，18— O 形密封圈

表 6-1 定子的加工工艺

零部件名称	工段号	工段名称	单件工时/min
定子	1	退火	10
	2	车、钻、插、铣	24
	3	调质	20
	4	研磨	33

表 6-2 定子合并后的加工工艺

零部件名称	工段号	工段名称	单件工时/min
定子	1	退火、车、钻、插、铣	10 + 24 + 4 = 38 (0.0791scd)
	2	调质、研磨	20 + 33 + 4 = 57 (0.1188scd)

表 6-2 中 scd 是车间进行工作的天数，1min = 0.00208scd。企业采取每天 8

小时的工作标准制度，假如工段间的生产调度能够很有效的利用生产能力，即各个机床可以 8 小时 100% 的运行，工人采用轮岗作业也可以保证 8 小时 100% 的利用，则在生产系统控制模型中 $T_{p1}=38\text{min}$（0.0791scd），即 $G_{p1}=\dfrac{1}{0.0791s+1}$，$T_{p2}=57\text{min}$（0.1188scd），即 $G_{p2}=\dfrac{1}{0.1188s+1}$。图 6－3 所示为未引入 PID 控制器的在制品库存仿真图。

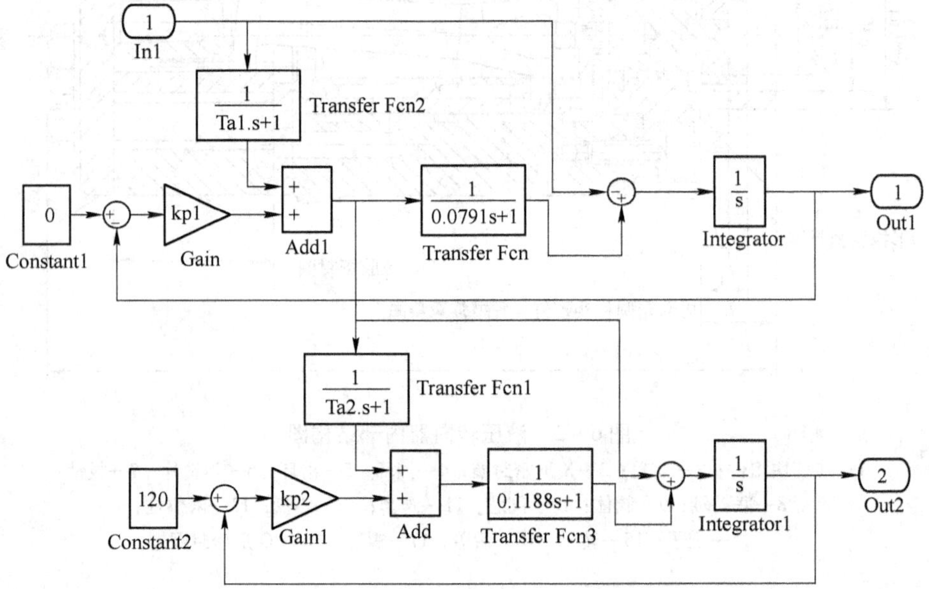

图 6－3 液压转向器生产线系统仿真图

加工过程的平稳运行受控制系统内外许多因素影响，如机械设备故障、人员缺失、外界需求干扰等，这些因素都将致使在制品库存出现波动现象。从生产实际情况出发和为了维持生产系统的连续加工，在两个工段间设有安全在制品库存 120 个。液压转向器生产线上不存放成品库存，因为生产加工完成的产成品被直接送到装配车间进行装配，所以理想的产成品库存设为 0 个。针对上述所构建的串行生产物流系统在制品库存控制模型，即在不加入与加入 PID 控制器的串行生产物流系统在制品库存控制模型两种情况下，本章分别在外界需求波动干扰设为阶跃、锯齿与正态三种条件下对生产加工控制系统的在制品库存的数量作一定的仿真与分析。

6.2.1 串行生产物流系统在制品库存控制的阶跃分析

由于生产控制系统可能受外界需求的突发状况的影响而发生阶跃性的突变，

因此，对生产控制系统承受阶跃变化的能力作一个估量是非常必要的。阶跃的突变情形观察方便，对控制系统的动态特性也有一定的描述。本节采取一个阶跃函数来仿真生产系统在经过 500s 的稳定期后，外界需求突然出现突变的情况。控制系统的总仿真时间设为 3000s。

（1）工段 1 中的参数变化对在制品库存 W_A 的影响。要观察加工工段 1 的控制参数变化对在制品库存 W_A 的影响，就要使加工工段 2 的控制参数 T_{a2}，K_{p2} 维持恒定，然后逐次改变 T_{a1}、K_{p1}，观察 W_A 的波动情况，如图 6－4 所示。根据仿真图对比可知，如果分别增大加工工段 1 的 T_{a1} 与 K_{p1} 的数值，W_A 的波动值就会变小；如果同时加大这两个参数，则在制品库存 W_A 的波动值就更小。

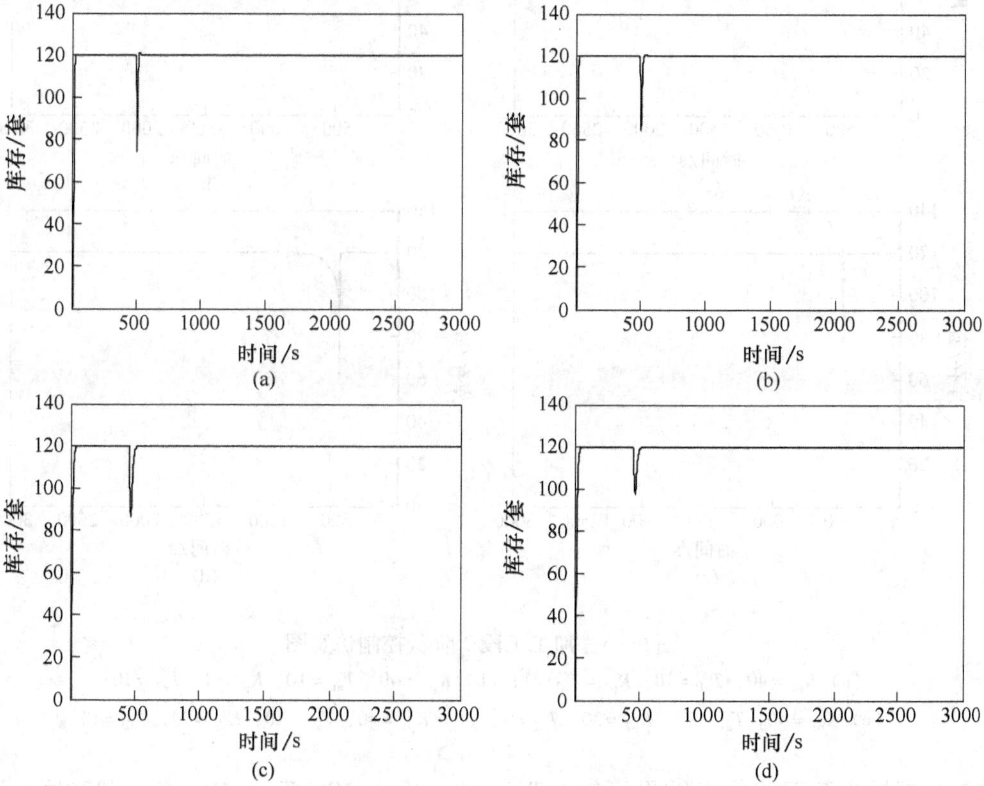

图 6－4　加工工段 1 阶跃控制仿真图

（a）$K_{p1}=T_{a1}=1$，$K_{p2}=T_{a2}=1$；（b）$K_{p1}=1$，$T_{a1}=10$，$K_{p2}=T_{a2}=1$；

（c）$K_{p1}=40$，$T_{a1}=1$，$K_{p2}=T_{a2}=1$；（d）$K_{p1}=40$，$T_{a1}=10$，$K_{p2}=T_{a2}=1$

（2）工段 2 中的参数变化对 W_A 的影响。为了观察加工工段 2 的控制参数变化对在制品库存 W_A 的影响，就要使加工工段 1 的参数维持恒定。从图 6－4 加工工段 1 的仿真结果中发现，取加工工段 1 的控制系统参数 $T_{a1}=10$、$K_{p1}=40$ 时，系统最优。以此为条件，依次改变 T_{a2} 与 K_{p2}，观察控制系统中 W_A 的波动情况，如图 6－5 所示。从仿真结果比较可知，若分别增大加工工段 2 的 T_{a2} 与 K_{p2} 的数值，在制品库存 W_A 的波动变化很大；若二者同时增大，W_A 的变化幅度更大。

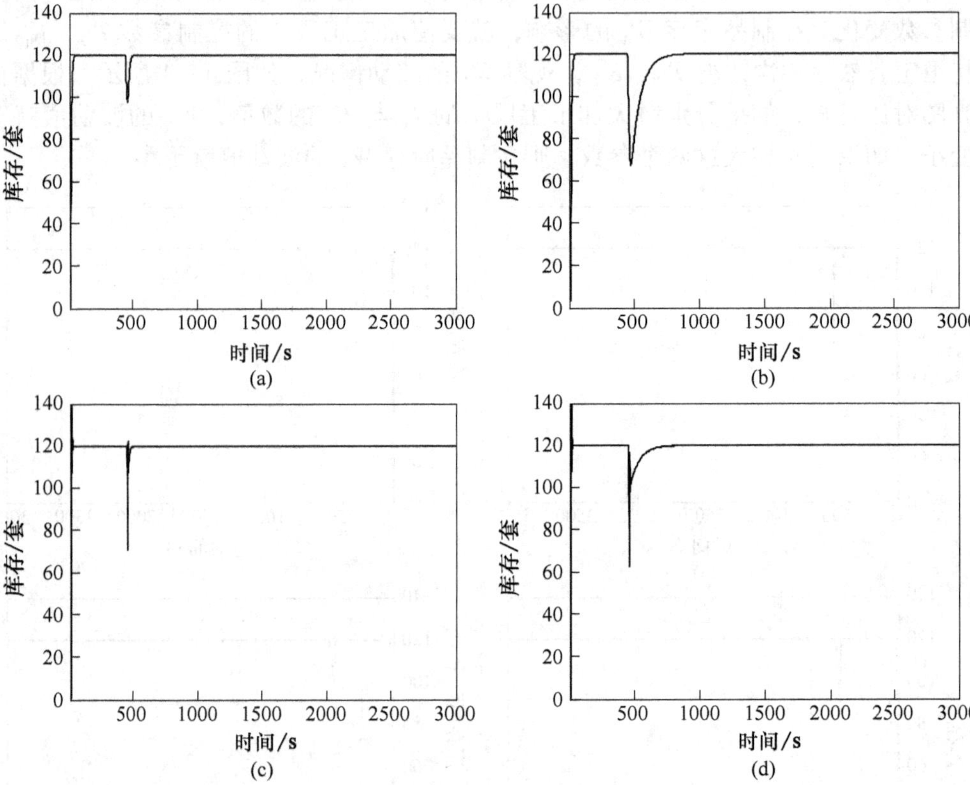

图 6－5　加工工段 2 阶跃控制仿真图

(a) $K_{p1}=40$，$T_{a1}=10$，$K_{p2}=T_{a2}=1$；(b) $K_{p1}=40$，$T_{a1}=10$，$K_{p2}=1$，$T_{a2}=10$；(c) $K_{p1}=40$，$T_{a1}=10$，$K_{p2}=30$，$T_{a2}=1$；(d) $K_{p1}=40$，$T_{a1}=10$，$K_{p2}=30$，$T_{a2}=10$

根据阶跃下的仿真结果可知，$T_{a1}=10$、$K_{p1}=40$、$T_{a2}=10$、$K_{p2}=30$ 时，阶跃需求下 W_A 的波动量最大；而 $T_{a1}=10$、$K_{p1}=40$、$T_{a2}=1$、$K_{p2}=1$ 时，阶跃需求下 W_A 的波动量最小。

6.2.2　串行生产物流系统在制品库存控制的锯齿响应分析

本节用锯齿形需求来反映和仿真企业的许多产品可能受到的周期性需求变化这一情况。在控制模型中锯齿需求的周期设为 60s，波动幅度设为 50 套，仿真的总时间设为 3000s。

（1）工段1中的参数变化对在制品库存 W_A 的影响。同上所述，要观察加工工段1的控制参数变化对在制品库存 W_A 的影响，就要使加工工段2的控制参数 T_{a2} 与 K_{p2} 维持恒定，然后逐次改变 T_{a1} 与 K_{p1}，观察在制品库存 W_A 的波动情况，如图6-6所示。可见同时增大 T_{a1} 和 K_{p1} 的数值，W_A 的波动情况明显变小。

（2）加工工段2中的参数变化对在制品库存 W_A 的影响。为了观察加工工段2的控制参数变化对在制品库存 W_A 的影响，就要使加工工段1参数维持恒定。从图6-6加工工段1的仿真结果发现，加工工段1的系统参数 $T_{a1}=10$、$K_{p1}=40$ 时，系统最优，如图6-7所示。综上可知，参数 T_{a2} 和 K_{p2} 在锯齿需求情况下与阶跃需求情况下对 W_A 的影响相同。即分别增大加工工段2的 T_{a2} 和 K_{p2} 的数值，W_A 的波动很大；若二者同时增大，W_A 的变化幅度更大。

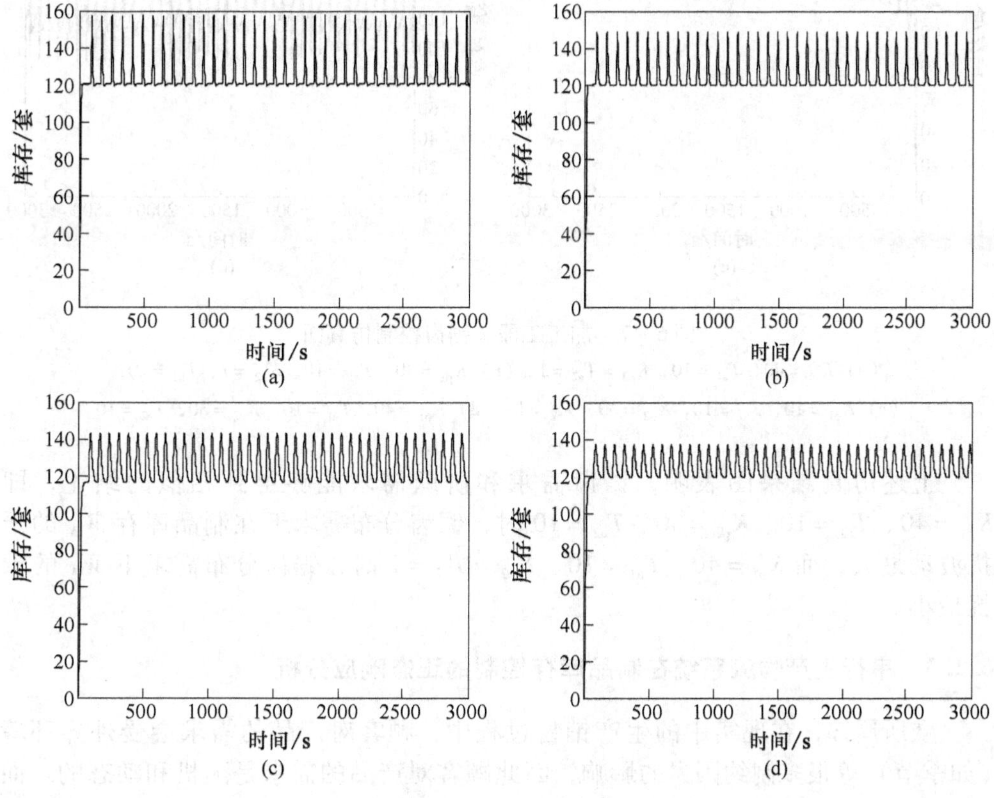

图6-6 加工工段1锯齿控制仿真图

（a）$K_{p1}=T_{a1}=1$，$K_{p2}=T_{a2}=1$；（b）$K_{p1}=1$，$T_{a1}=10$，$K_{p2}=T_{a2}=1$；
（c）$K_{p1}=40$，$T_{a1}=1$，$K_{p2}=T_{a2}=1$；（d）$K_{p1}=40$，$T_{a1}=10$，$K_{p2}=T_{a2}=1$

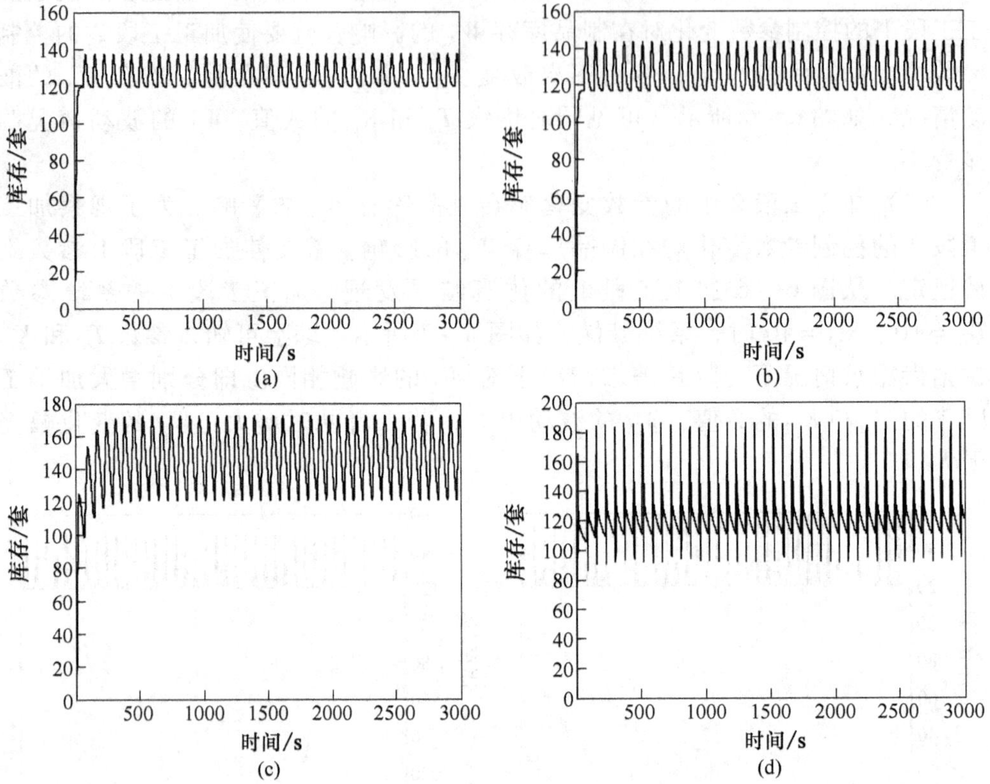

图6－7　加工工段2锯齿控制仿真图

（a）$K_{p1}=40$，$T_{a1}=10$，$K_{p2}=T_{a2}=1$；（b）$K_{p1}=40$，$T_{a1}=10$，$K_{p2}=1$，$T_{a2}=10$；（c）$K_{p1}=10$，$T_{a1}=10$，$K_{p2}=30$，$T_{a2}=1$；（d）$K_{p1}=40$，$T_{a1}=10$，$K_{p2}=30$，$T_{a2}=10$

上述仿真结果图表明，锯齿需求和阶跃需求能够得到相似的结论，即$K_{p1}=40$、$T_{a1}=10$、$K_{p2}=30$、$T_{a2}=10$时，锯齿分布需求下在制品库存W_A的干扰波动最大；而$K_{p1}=40$、$T_{a1}=10$、$K_{p2}=T_{a2}=1$时，锯齿分布需求下W_A的干扰最小。

6.2.3　串行生产物流系统在制品库存控制的正态响应分析

众所周知，在现实中的生产销售过程中，顾客对产品的需求会受外界环境（如季节）等很多制约因素的影响，因此顾客对产品的需求是随机和动态的。而正态分布是理论上和实践中都应用很广的一种数据统计与处理方法，其形式为$X \sim N(\mu,\sigma^2)$。本节设外界需求干扰每隔20s至生产加工系统，遵循$X \sim N(120, 20)$的正态分布，来仿真两个加工工段参数变化对W_A的影响。仿真时间同上。仿真结果如图6－8和图6－9所示。

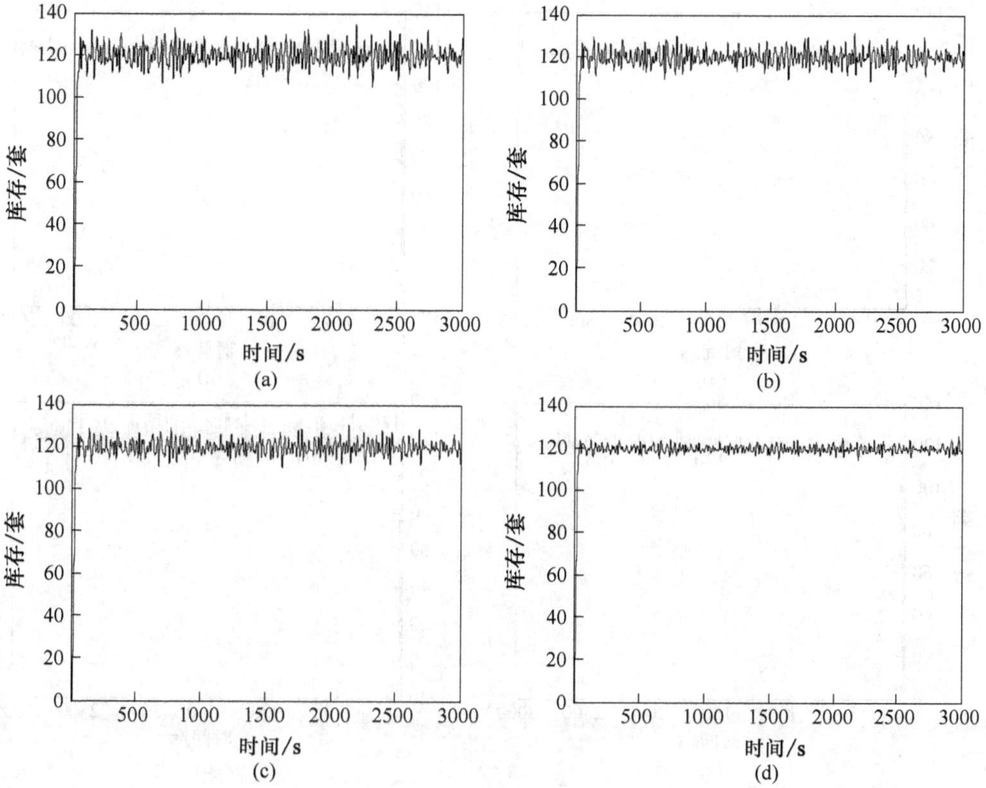

图 6-8 需求量随机时加工工段 1 正态控制仿真图

(a) $K_{p1}=T_{a1}=1$，$K_{p2}=T_{a2}=1$；(b) $K_{p1}=1$，$T_{a1}=10$，$K_{p2}=T_{a2}=1$；

(c) $K_{p1}=40$，$T_{a1}=1$，$K_{p2}=T_{a2}=1$；(d) $K_{p1}=40$，$T_{a1}=10$，$K_{p2}=T_{a2}=1$

(1) 需求量呈正态分布时参数变化对 W_A 的影响。根据图 6-8 和图 6-9 的仿真结果图可知，正态分布需求和阶跃分布需求、锯齿分布需求有一样的结论，即 $K_{p1}=40$、$T_{a1}=10$、$K_{p2}=30$、$T_{a2}=10$ 时，正态分布需求下 W_A 的干扰波动最大；而 $K_{p1}=40$、$T_{a1}=10$、$K_{p2}=T_{a2}=1$ 时，正态分布需求下 W_A 的干扰波动最小。

(2) 需求量与需求时间都随机时参数变化对 W_A 的影响。在实际的生产加工中，外界需求波动发生的时间与需求量一样也是随机的。本节采取正态分布来控制随机变化的需求量，即需求量遵循 $X\sim N(120,20)$ 这样的正态分布，采取泊松分布控制需求的时间间隔，即需求时间遵循样本参数 $\lambda=3000$，来仿真控制系统参数变化对在制品库存 W_A 的影响。仿真结果如图 6-10 和图 6-11 所示。

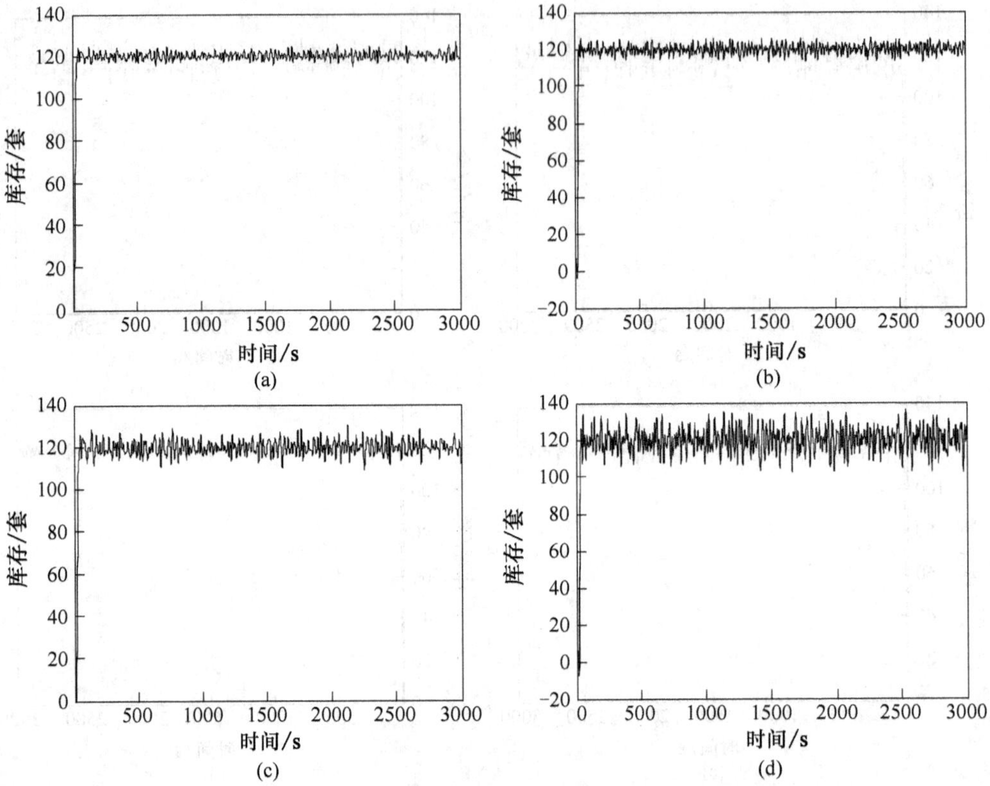

图 6－9　需求量随机时加工工段 2 正态控制仿真图

(a) $K_{p1}=40$，$T_{a1}=10$，$K_{p2}=T_{a2}=1$；(b) $K_{p1}=40$，$T_{a1}=10$，$K_{p2}=1$，$T_{a2}=10$；
(c) $K_{p1}=40$，$T_{a1}=10$，$K_{p2}=30$，$T_{a2}=1$；(d) $K_{p1}=40$，$T_{a1}=10$，$K_{p2}=30$，$T_{a2}=10$

上述仿真结果显示，此条件下得到的结论和上述仿真结果一样。即 $T_{a1}=10$、$K_{p1}=40$、$T_{a2}=10$、$K_{p2}=30$ 时，W_A 的波动量最大；而 $K_{p1}=40$、$T_{a1}=10$、$K_{p2}=T_{a2}=1$ 时，W_A 的波动量最小。

6.2.4　Simulink 仿真结果分析

上述仿真结果汇成表 6－3，可见各个加工工段的不同的控制系统参数对在制品库存 W_A 有非常大的影响。加工工段 1 的系统参数 W_A 越大，在制品库存 W_A 的波动值越小；加工工段 2 的系统参数 T_{a2} 越大，在制品库存 W_A 的波动值却越大。加工工段 1 的系统参数 K_{p1} 越大，在制品库存 W_A 的波动值越小；而加工工段 2 的系统参数 K_{p2} 越大，在制品库存 W_A 的波动值越大。

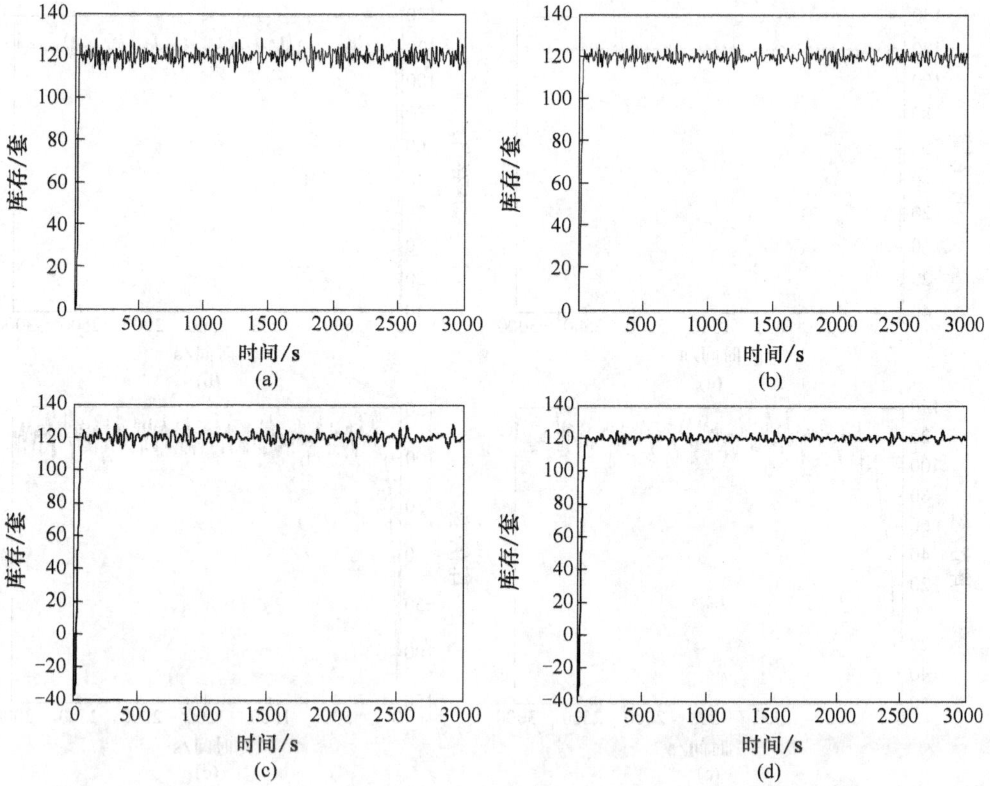

图 6-10 需求量与需求时间都随机时加工工段 1 正态控制仿真图

(a) $K_{p1}=T_{a1}=1$，$K_{p2}=T_{a2}=1$；(b) $K_{p1}=1$，$T_{a1}=10$，$K_{p2}=T_{a2}=1$；

(c) $K_{p1}=40$，$T_{a1}=1$，$K_{p2}=T_{a2}=1$；(d) $K_{p1}=40$，$T_{a1}=10$，$K_{p2}=T_{a2}=1$

表 6-3 在制品库存控制仿真结果对比

需求类型	W_A 变化幅度	系统参数
阶跃函数	$W_{Amax}=170$	$T_{a1}=10$，$K_{p1}=40$，$T_{a2}=10$，$K_{p2}=30$
	$W_{Amin}=20$	$T_{a1}=10$，$K_{p1}=40$，$T_{a2}=1$，$K_{p2}=1$
锯齿函数	$W_{Amax}=260$	$T_{a1}=10$，$K_{p1}=40$，$T_{a2}=10$，$K_{p2}=30$
	$W_{Amin}=10$	$T_{a1}=10$，$K_{p1}=40$，$T_{a2}=1$，$K_{p2}=1$
需求量正态分布	$W_{Amax}=150$	$T_{a1}=10$，$K_{p1}=40$，$T_{a2}=10$，$K_{p2}=30$
	$W_{Amin}=10$	$T_{a1}=10$，$K_{p1}=40$，$T_{a2}=1$，$K_{p2}=1$
需求量正态分布+需求时间均匀分布	$W_{Amax}=110$	$T_{a1}=10$，$K_{p1}=40$，$T_{a2}=10$，$K_{p2}=30$
	$W_{Amin}=10$	$T_{a1}=10$，$K_{p1}=40$，$T_{a2}=1$，$K_{p2}=1$

但事实上，系统参数 T_{a1} 的大小不可能不受任何约束，而且 K_{p1} 与 K_{p2} 的大小

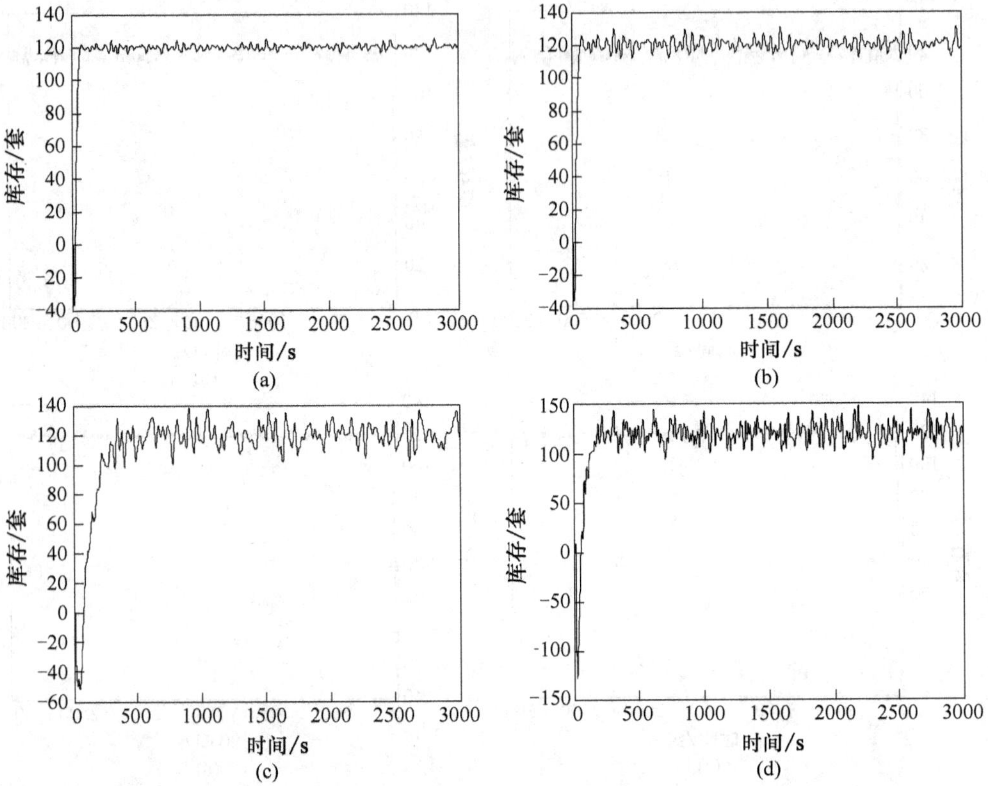

图 6－11 需求量与需求时间都随机时加工工段 2 正态控制仿真图

（a）$K_{p1}=40$，$T_{a1}=10$，$K_{p2}=T_{a2}=1$；（b）$K_{p1}=40$，$T_{a1}=10$，$K_{p2}=1$，$T_{a2}=10$；
（c）$K_{p1}=40$，$T_{a1}=10$，$K_{p2}=30$，$T_{a2}=1$；（d）$K_{p1}=40$，$T_{a1}=10$，$K_{p2}=30$，$T_{a2}=10$

也自相矛盾。因此，为了确保在外界需求发生各种干扰波动的情况下，W_A 的波动幅度最小、最稳定，就必须对系统参数进行优化。下文将加入 PID 控制器对这一问题进行解决处理。

6.3 基于 PID 控制的在制品库存 Simulink 仿真实现

按照对液压转向器生产线在制品库存的研究与仿真，在生产线上系统参数 $K_{p1}=40$、$T_{a1}=10$、$K_{p2}=T_{a2}=1$ 是较为满意的一种控制方式。再者前面已根据改进遗传算法对 PID 控制器的三个参数作了一定的整定分析，所以控制模型中内部的系统参数就都已经确定了。接下来在阶跃、锯齿和正态需求三种情况下，分别研究分析串行生产物流系统在制品库存 PID 控制模型中各需求波动对 W_A 的响应情况。

6.3.1 基于 PID 控制的在制品库存阶跃响应分析

生产系统受到外界因素的突发影响而发生阶跃性的变化，如市场环境的变化等，将影响库存的波动情况。将确定的系统的各参数输入控制模型中，采取一个阶跃函数来仿真控制系统在经过 500s 的稳定期后，外界需求突然出现一个 50 套的突变。总仿真时间同上。仿真结果如图 6－12 所示。

6.3.2 基于 PID 控制的在制品库存锯齿响应分析

实际生产中，系统在长时间内可能容易受到周期性干扰，用锯齿形需求来反映和仿真企业的许多产品可能受到的周期性需求变化这一情况。在模型中锯齿需求的周期设为 60s，波动幅度设为 50 套。系统的总仿真时间设为 3000s，仿真结果如图 6－13 所示。

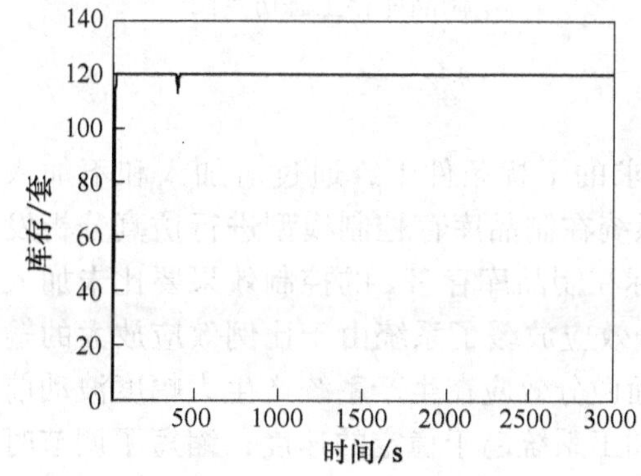

图 6－12 基于 PID 控制的在制品库存阶跃仿真图

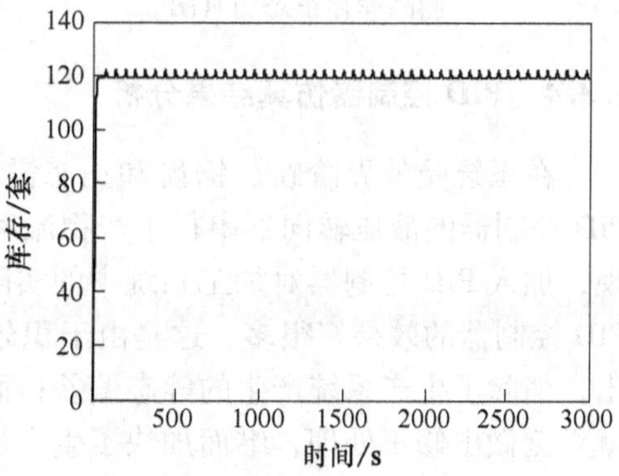

图 6－13 基于 PID 控制的在制品库存锯齿仿真图

6.3.3 基于 PID 控制的在制品库存正态响应分析

（1）需求量正态分布时，系统参数对在制品库存 W_A 的影响。在现实中的生产销售过程中，顾客对产品的需求会受外界环境（如季节）等很多制约因素的影响，因此顾客对产品的需求是随机和动态的。本书设外界需求干扰每隔 20s 至生产加工系统，遵循 $X \sim N(120,20)$ 的正态分布，来仿真两个加工工段参数变化对 W_A 的影响。仿真总时间同上。仿真结果如图 6－14 所示。

（2）需求量与需求时间随机时，参数变化对 W_A 的影响。在实际的生产加工中，外界需求干扰波动发生的时间与需求量一样也是动态变化的。本书假设外界需求变化每隔 20s 至生产加工系统，需求量依旧遵循 $X \sim N(120,20)$ 的正态分布，需求时间遵循 $\lambda = 3000$ 这样的泊松分布，来仿真系统参数变化对 W_A 的影响。仿真结果如图 6 – 15 所示。

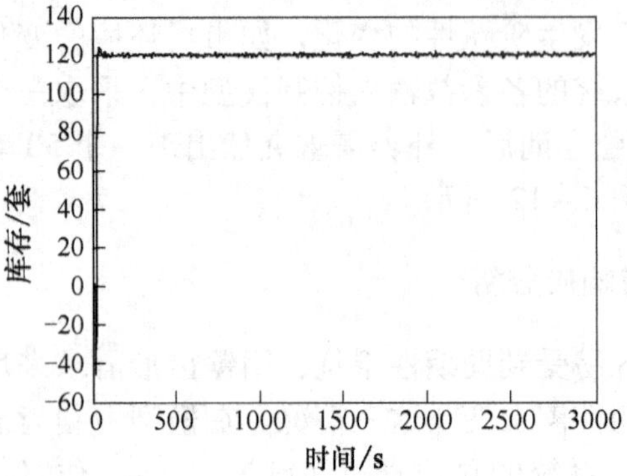

图 6 – 14　基于 PID 控制的在制品库存正态仿真图

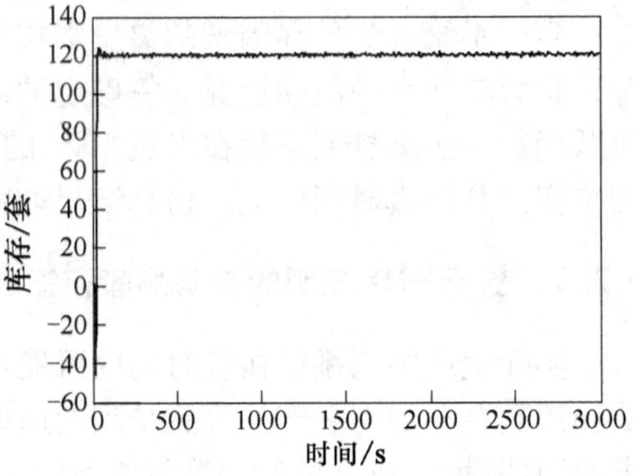

图 6 – 15　基于 PID 控制的在制品库存正态仿真图

6.3.4　PID 控制器仿真结果分析

在系统受外界阶跃、锯齿和正态需求的干扰条件下，通过对加入和不加入 PID 控制器的液压转向器串行生产物流系统在制品库存控制模型进行仿真分析发现，加入 PID 控制器对加工系统中的实际在制品库存 W_A 的控制效果要比未加入 PID 控制器的效果好很多。这是由于积分效应放缓了系统由于比例效应放大的输出，消除了生产系统产生的静态偏差；而微分效应在生产系统产生大幅度波动前就立刻做出修正处理，继而加快了生产加工系统趋于稳定的速度，缩短了调节时间。因此，基于 PID 控制器的在制品库存模型的控制效果要比未加入 PID 控制器的控制模型优异，可以达到加工系统稳定输出的目的。

在实际的生产加工过程中，生产加工过程的平稳运行受系统内外的很多因素影响，如机械设备故障、人员缺失、外部需求波动等，这些因素都将致使在制品库存波动。外界需求的干扰波动对生产物流系统在制品库存的影响是随机发生的，需求波动的发生也是动态的，所以在各种控制方式中，PID 控制器是首选，其关键性约束条件是 PID 控制器三个参数的优化整定。

通过对液压转向器生产线的仿真结果能够得出，本章所提出的基于改进遗传算法的串行生产物流系统在制品库存 PID 控制的方法，可以对动态和随机的在制品库存产生理想的控制效果，有很强的实际意义。

7 基于 MVC 和 MPC 的供应链系统库存优化控制

在供应链库存管理中，由于无法精确预测未来的需求，因此为了保证生产的连续性和供货的及时性，维持一定量的库存来缓解外界变化的冲击是必要的。但是，由于目前对库存控制的精度不够，因此导致企业库存占用了大量的流动资金，产生了滞销商品，增加了不动产投资，最终掩盖了企业经营管理中的许多问题。随着市场竞争的加剧，需求的动态性、多样性和突发性导致计划频繁变更，依靠传统手段确定的安全库存已经不能满足生产的敏捷性和柔性的要求，因此，企业必须充分利用各种优化手段来优化库存系统。

供应链管理模式下的库存问题主要有供应链的战略规划问题、信息类问题和供应链运营问题。目前，对于供应链库存优化的研究多数从管理科学和运筹学角度出发，运用优化理论和智能算法处理供应链库存中动态优化问题。这些研究大多建立在供应链各组成部分的信息共享和透明度较好的假设基础上，在处理由于动态性而引发的约束问题、模型不精确、鲁棒性以及不确定环境下多变量情况却并不理想。本章从优化控制角度出发，提出最小方差控制（MVC）、模型预测控制（MPC）等基于计算机控制理论的控制方法，并给出相应的控制策略和控制算法，通过仿真实例证明了计算机控制技术在解决供应链库存动态性方面是有效的，并且其本身也可作为网络化制造系统的良好的支撑技术。

7.1 利用 MVC 优化供应链动态库存

网络化制造环境下供应链管理是一种快速响应市场需求并对整个供应链网络系统进行计划、协调、优化和控制的过程。供应链系统本质是通过设计最优订单策略最小化库存，最大化满足客户需求，即利用订单优化策略控制物料流和信息流的动态平衡，最大限度减少或杜绝牛鞭效应和未交付订货的发生。动态优化控制是供应链网络系统控制中的难点。目前，国外学者从不同角度研究供应链优化控制问题，其中系统控制理论是主要的研究方向之一。文献［109］提出一个经典控制系统方程，即通过拉普拉斯变换分析库存管理模式。文献［138］通过对供应链连续时间系统的时域模拟分析，研究几种启发式控制法则的影响。文献［139～141］采用订购点法、比例积分（PI）控制策略和平滑订单策略（SOP）

对最优订单策略进行系统仿真分析。然而，这些方法在网络化制造环境中很难保证精确追踪供应链系统的动态变化。现实中的供应链控制系统是一个离散动态系统，因此，最小方差控制方法的运用能更有效针对系统的动态性特点，更具有实际意义。

本章针对客户需求变化的随机性，提出了基于时间序列的模型和最小方差控制方法。该方法能够有效控制现有存货和途中存货，成功地追踪市场需求变化，最小化超额存货和未交付订货，从根本上抑制订货过程中的牛鞭效应。

7.1.1 最小方差控制基本原理

许多优化技术都可以应用于反馈控制器的设计及操作中。为了得到最优的控制作用，几乎所有控制器都要采用某种试凑的算法，最小化一个基于设定值与实际值偏差的代价函数。最小方差控制器使用二次型代价函数，即在时间轴上进行平方误差积分。除了使用历史记录，它还会基于过程对象的模型推测最小化代价的未来控制作用。最小方差控制器也可以基于其他代价函数设计，例如对超调的控制作用（测量值相对设定值的偏差及其方差）进行惩罚。

最小方差控制的目标是根据给定的受控自回归滑动平均模型（CARMA）寻找一个控制策略，使系统输出的方差为最小。其也因此得名为最小方差控制。设被控对象的数学模型为：

$$A(z^{-1})y(k)=B(z^{-1})u(k-d)+C(z^{-1})v(k) \tag{7-1}$$

由于被控对象存在 d 步的纯滞后，k 时刻的 $u(k)$ 只能影响 $k+d$ 时刻的输出 $y(k+d)$，所以

$$y(k+d)=\frac{B(z^{-1})}{A(z^{-1})}u(k)+\frac{C(z^{-1})}{A(z^{-1})}v(k+d) \tag{7-2}$$

利用多项式的除法可以求得：

$$\frac{C(z^{-1})}{A(z^{-1})}=D(z^{-1})+\frac{z^{-d}E(z^{-1})}{A(z^{-1})} \tag{7-3}$$

显然 $v(k)$，$v(k-1)$，…与输出观测量 $y(k)$，$y(k-1)$，…相关，而 $v(k+1)$，…，$v(k+d)$ 与它们无关。用长除法将 $\frac{C(z^{-1})}{A(z^{-1})}v(k+d)$ 分解为与观测量相关与不相关两部分：

$$y(k+d)=\frac{B(z^{-1})}{A(z^{-1})}u(k)+\frac{E(z^{-1})}{A(z^{-1})}v(k)+D(z^{-1})v(k+d) \tag{7-4}$$

设多项式的所有零点都在单位圆或单位圆上，由式（7-1）得出：

$$v(k)=\frac{A(z^{-1})}{C(z^{-1})}y(k)-\frac{z^{-d}B(z^{-1})}{C(z^{-1})}u(k) \tag{7-5}$$

将式（7-5）代入式（7-4），并注意式（7-3），得出如下等式：

$$y(k+d)=\frac{E(z^{-1})}{C(z^{-1})}y(k)+\frac{B(z^{-1})D(z^{-1})}{C(z^{-1})}u(k)+D(z^{-1})v(k+d) \quad (7-6)$$

最小方差控制的目标函数为：

$$\min J=E\{[y(k+d)-r(k)]^2\} \quad (7-7)$$

将式（7-6）代入式（7-7），并注意 $v(k+1)$，…，$v(k+d)$ 与输出观测量 $y(k)$，$y(k-1)$，…不相关，而 $r(k)$ 是确定量，与 $v(k+1)$，…，$v(k+d)$ 显然也无关。可求出最小方差控制律为：

$$u(k)=\frac{C(z^{-1})r(k)-E(z^{-1})y(k)}{B(z^{-1})D(z^{-1})} \quad (7-8)$$

若设定值 $r(k)=0$，则最小方差控制律为：

$$u(k)=\frac{-E(z^{-1})}{B(z^{-1})D(z^{-1})}y(k) \quad (7-9)$$

7.1.2 基本动态模型

7.1.2.1 物料流和信息流的平衡

图7-1描述了在一个分散供应链系统中独立的分销单元、供应商和客户之间信息和物料交换的关系。

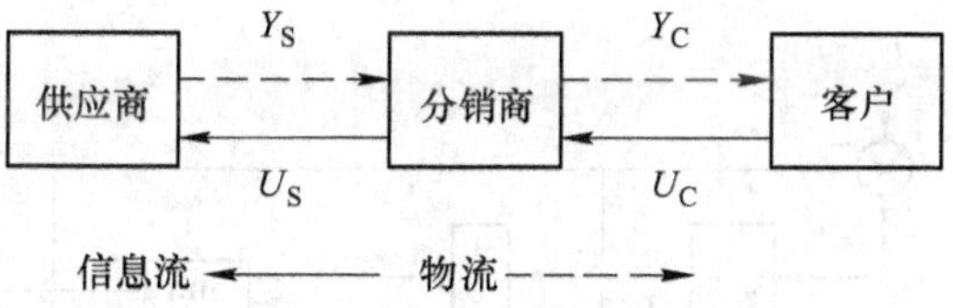

图7-1 一个简单的供应链物流与信息流平衡图

对图7-1供应链各节点建立一系列动态模型，如下所示：

$$I_p(t)=I_p(t-1)+Y_S(t)-Y_C(t) \quad (7-10)$$

$$I_H(t)=I_H(t-1)+Y_S(t)-Y_C(t) \quad (7-11)$$

$$U_S(t)=K(S_p(t)-I_p(t)) \quad (7-12)$$

$$O_p(t)=U_C(t)+O_p(t-1)-Y_C(t) \quad (7-13)$$

$$Y_C(t)=\begin{cases}0, & O_p(t-1)\leqslant 0\\ O_p(t-1), & 0\leqslant O_p(t-1)\leqslant I_H(t-1)\\ I_H(t-1), & 0\leqslant I_H(t-1)\leqslant O_p(t-1)\end{cases} \quad (7-14)$$

式中，$I_p(t)$ 为在 t 时刻分销商的存货状态，它包括现有存货 $I_H(t)$ 和已经从供应商运出的途中存货 $I_R(t)$；$Y_S(t)$ 为由供应商运往分销商的产品数量；$Y_C(t)$ 为由分销商运往客户的产品数量；$U_S(t)$ 为分销商下给供应商的订单数量；

$S_p(t)$ 为分销商的存货状态的设定点；K 为控制器的控制参数；假设当前时刻 t 的运输延迟为 L，即在 t 时配送的货物会在 $t+L$ 时运到，并且由于管理上的延迟，下给供应商的订单会在 $t+1$ 时被处理；$O_p(t)$ 为在 $t+1$ 时被处理的订单数量；$U_C(t)$ 为客户的订单数量。

7.1.2.2 z 变换

对上述离散时间模型进行 z 变换，如下所示：

$$I_p(z)=\frac{z}{z-1}[Y_S(z)-Y_C(z)] \tag{7-15}$$

$$I_H(z)=\frac{z}{z-1}[z^{-L}Y_S(z)-Y_C(z)] \tag{7-16}$$

$$U_S(z)=K[S_p(z)-I_p(z)] \tag{7-17}$$

$$O_p(z)=\frac{z}{z-1}[U_C(z)-Y_C(z)] \tag{7-18}$$

$$Y_C(t)=\begin{cases}0, & z^{-1}O_p(z)\leqslant 0\\ z^{-1}O_p(z), & 0\leqslant z^{-1}O_p(z)\leqslant z^{-1}I_H\\ z^{-1}I_H, & 0\leqslant z^{-1}I_H\leqslant z^{-1}O_p(z)\end{cases} \tag{7-19}$$

上述 z 变换模型的相关模块图如图 7－2 所示。

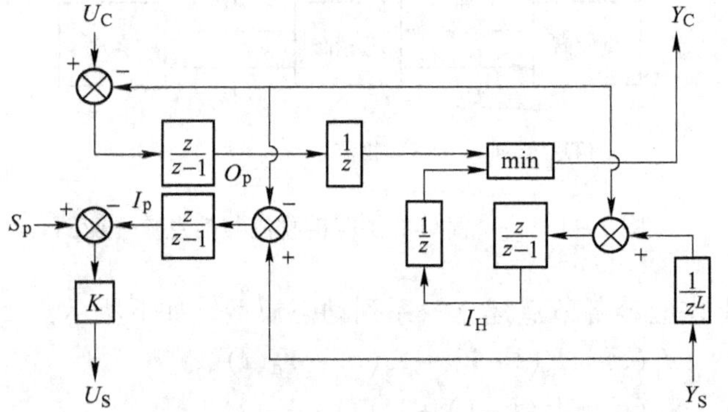

图 7－2 供应链分销商节点控制系统模块图

假设对于供应商和分销商总是有足够的现货，则：

$$Y_S(t)=z^{-1}U_S(t),\quad Y_C(t)=U_C(t) \tag{7-20}$$

由上式可以对现有存货 $I_H(t)$ 和途中存货 $I_R(t)$ 进行如下 z 变换：

$$I_H(z)=\frac{z}{z-1}[z^{(-L-1)}U_S(z)-U_C(z)] \tag{7-21}$$

$$I_R(z)=\frac{1-z^{-L}}{z-1}U_S(z) \tag{7-22}$$

7.1.3 控制策略

目前，供应链订单预测策略多数采用订货点法、比例积分（PI）控制策略和平滑订单策略（SOP）[142]，但是这几种控制策略在控制精度和牛鞭效应方面并不十分理想，因此本书采用最小方差控制方法解决以上问题。

7.1.3.1 最小方差控制

为了将最小方差控制（MVC）应用在离散供应链动态系统中，定义如下目标函数：

$$J=\sum_{i=m_H}^{n_H}[P(z^{-1})\hat{I}_H(t+i)-P_gSP_H(t+i)]^2+\sum_{i=m_R}^{n_R}[P(z^{-1})\hat{I}_R(t+i)-P_gSP_R(t+i)]^2+\sum_{i=1}^{n_H-d_H}\rho[\Delta U_S(t)]^2 \tag{7-23}$$

式中，控制目标函数 J 包含两个被控变量 $I_H(t)$ 和 $I_R(t)$；SP_H 和 SP_R 表示上述两个被控变量的设置点；m_H、m_R 和 n_H、n_R 为最小成本域和预测域，为简化模型，定义 $n_H=m_H=L+1$，$n_R=m_R=1$；符号“^”表示变量的预报估计；P_g 为多项式 $P(z^{-1})$ 的增益；ρ 表示抑制过激控制行动的惩罚因子；变量 d_H 为物料由供应商向分销商运输中的时间延迟。

假设客户需求采用自回归移动平均时间序列的形式，则：

$$U_C(t)=\frac{\Theta(z^{-1})}{\Phi(z^{-1})\Delta^r}\xi(t) \tag{7-24}$$

式中，Θ、Φ、Δ 是自回归移动平均模型三个不同系数；$\xi(t)$ 是一个具有零均值和同方差的白噪声。

假设被控变量 $I_H(t)$ 与变量 $U_S(t)$ 和干扰输入的随机部分 $\xi(t)$（如 $U_C(t)$）之间的关系可以用一个一般线性随机方程来表示，则：

$$I_H(t+1)=\frac{z^{-d_H}B(z^{-1})}{A(z^{-1})}U_S(t)+\frac{C(z^{-1})}{D(z^{-1})}\xi(t) \tag{7-25}$$

将式（7-25）与式（7-21）、式（7-24）相比较，可得出如下关系：

$$\frac{B(z^{-1})}{A(z^{-1})}=\frac{1}{\Delta},\frac{C(z^{-1})}{D(z^{-1})}=\frac{\Theta(z^{-1})}{\Phi(z^{-1})\Delta^{r+1}} \tag{7-26}$$

根据上述定义的表达式，则 I_H 的 i 步预测表达式为：

$$P(z^{-1})\hat{I}_H(t+i)=\frac{\hat{B}(z^{-1})\hat{D}(z^{-1})E_i(z^{-1})}{\hat{A}(z^{-1})\hat{C}(z^{-1})}U_S(t+i-L-1)+\frac{F_i(z^{-1})}{\hat{C}(z^{-1})}I_H(t) \tag{7-27}$$

式中，多项式 $E_i(z^{-1})$ 和 $F_i(z^{-1})$ 可由如下丢番图方程求得：

$$\frac{P(z^{-1})\hat{C}(z^{-1})}{\hat{D}(z^{-1})}=E_i(z^{-1})+z^{-i}\frac{F_i(z^{-1})}{\hat{D}(z^{-1})} \tag{7-28}$$

另一被控变量 $I_R(t)$ 的一般线性方程可表示为：

$$I_R(t+1)=\frac{z^{-d_R}Q(z^{-1})}{R(z^{-1})}U_S(t) \tag{7-29}$$

上式中不含有随机项，将其与式（7－22）相比较，可得出如下关系式：

$$\frac{Q(z^{-1})}{R(z^{-1})}=\frac{1-z^{-L}}{\Delta} \tag{7-30}$$

I_R 的 j 步预测表达式为：

$$P(z^{-1})\hat{I}_R(t+j)=z^{-1}W_j(z^{-1})U_S(t+j-1)+\frac{V_j(z^{-1})}{\hat{Q}(z^{-1})}I_R(r) \tag{7-31}$$

同样，多项式 $W_j(z^{-1})$ 和 $V_j(z^{-1})$ 可由如下丢番图方程求得：

$$\frac{P(z^{-1})\hat{Q}(z^{-1})}{\hat{R}(z^{-1})}=W_j(z^{-1})+z^{-j}\frac{V_j(z^{-1})}{\hat{R}(z^{-1})} \tag{7-32}$$

对目标函数 J 求优，最终可得到如下最优控制律：

$$U_S(t)=\frac{P_gSP_H(t+L+1)-z^{L+1}\left[P(z^{-1})+\dfrac{E_{L+1}(z^{-1})\Phi(z^{-1})\Delta^{r+1}}{\Theta(z^{-1})}\right]I_H(t)}{1+\rho\Delta-\dfrac{E_{L+1}(z^{-1})\Phi(z^{-1})\Delta^{r}}{\Theta(z^{-1})}}+$$

$$\frac{P_gSP_R(t+1)-z\left(P(z^{-1})-\dfrac{\Delta}{1-z^{-L}}\right)I_R(t)}{1+\rho\Delta-\dfrac{E_{L+1}(z^{-1})\Phi(z^{-1})\Delta^{r}}{\Theta(z^{-1})}} \tag{7-33}$$

上式也可以用含有客户需求的公式表达：

$$\frac{U_S(t)}{U_C(t)}=\frac{\Delta P_g[SP_H(t+L+1)+SP_R(t+1)]}{P(z^{-1})(2-z^{-L})+\rho\Delta^2}+$$

$$\frac{z^{L+1}\left[P(z^{-1})+\dfrac{E_{L+1}(z^{-1})\Phi(z^{-1})\Delta^{r+1}}{\Theta(z^{-1})}\right]}{P(z^{-1})(2-z^{-L})+\rho\Delta^2} \tag{7-34}$$

在大多数文献中，许多供应链研究者使用预报器预测客户需求，本节使用最小方差预测器代替预报器处理客户需求[143]。因此，设定 $SP_H(t)=U_C(t)$ 和 $SP_R(t)=L\times U_C(t)$，并将其带入式（7－34），得到：

$$\frac{U_S(t)}{U_C(t)}=\frac{\Delta LP_g+z^{L+1}\left[P(z^{-1})+\dfrac{E_{L+1}(z^{-1})\Phi(z^{-1})\Delta^{r+1}}{\Theta(z^{-1})}\right]}{P(z^{-1})(2-z^{-L})+\rho\Delta^2} \tag{7-35}$$

7.1.3.2 性能指标

供应链具体性能由两个因素确定。一个因素是平均超额库存（*AEI*），其表达式为：

$$EI(t)=I_{\mathrm{H}}(t-1)-U_{\mathrm{C}}(t),\quad I_{\mathrm{H}}(t-1)\geqslant U_{\mathrm{C}}(t) \tag{7-36}$$

$$AEI=\frac{1}{\tau_{\mathrm{H}}}\int_{0}^{\tau_{\mathrm{H}}}[I_{\mathrm{H}}(t-1)-U_{\mathrm{C}}(t)]\mathrm{d}t \tag{7-37}$$

式中，τ_{H} 是时间范围。

另一因素是平均未交付订货（*ABO*），它度量安全库存的损耗和客户满意的程度，表达式为：

$$BO(t)=U_{\mathrm{C}}(t)-I_{\mathrm{H}}(t-1),\quad I_{\mathrm{H}}(t-1)\geqslant U_{\mathrm{C}}(t) \tag{7-38}$$

$$ABO=\frac{1}{\tau_{\mathrm{H}}}\int_{0}^{\tau_{\mathrm{H}}}[U_{\mathrm{C}}(t)-I_{\mathrm{H}}(t-1)]\mathrm{d}t \tag{7-39}$$

使用性能指数 ψ 度量这两种因素对供应链库存的影响。性能指数 ψ 能综合考虑 *AEI* 和 *ABO* 对供应链库存整体性能上的影响程度，其表达式为：

$$\psi=\eta\times AEI+(1-\eta)ABO \tag{7-40}$$

式中，η 为 *AEI* 的权重。

7.1.3.3 牛鞭效应

供应链的一个特殊现象是牛鞭效应，它会沿着供应链的上游增加需求波动。为了更好地理解和控制牛鞭效应，需要对牛鞭效应进行量化，即用数量表示供应链每个阶段上出现的可变性增加。本节使用方差来表示需求波动[41,144]。通过需求从客户到供应商的订单比率来度量牛鞭效应，从而也验证书中所提的最小方差控制方法的有效性。牛鞭效应的量化解析式为：

$$BW=\frac{|U_{\mathrm{S}}(z^{-1})|}{|U_{\mathrm{C}}(z^{-1})|}=\frac{\mathrm{var}[U_{\mathrm{S}}(t)]}{\mathrm{var}[U_{\mathrm{C}}(t)]}=\frac{\mathrm{var}[U_{\mathrm{S}}(t)]/\mathrm{var}[\xi(t)]}{\mathrm{var}[U_{\mathrm{C}}(t)]/\mathrm{var}[\xi(t)]}=\frac{\frac{1}{\pi}\int_{0}^{\pi}|F_{U_{\mathrm{S}}}(jw)|^{2}\mathrm{d}w}{\frac{1}{\pi}\int_{0}^{\pi}|F_{U_{\mathrm{C}}}(jw)|^{2}\mathrm{d}w} \tag{7-41}$$

式中，$F_{U_{\mathrm{S}}}(jw)=U_{\mathrm{S}}(jw)/\xi(jw)$，$F_{U_{\mathrm{C}}}(jw)=U_{\mathrm{C}}(jw)/\xi(jw)$，$\xi$ 表示一个零均值白噪声输入，客户需求 U_{C} 由自回归移动平均模型，即式（7-24）求得。

7.1.3.4 优化控制问题

假设一单步前瞻预测，其中 $P(z^{-1})=1-P_{1}z^{-1}$，在控制过程中利用两个控制器协调参数，即用 ρ 和 p_1 来控制企业订单与需求量，ρ 为前述定义的惩罚因子，p_1 为被测库存水平变化的相对权重。优化控制问题变为：

$$\begin{aligned}&\min_{\rho,p_1}\psi\\ &\text{s.t.}\quad BW\leqslant 1\end{aligned} \tag{7-42}$$

7.1.4 仿真分析

离散供应链系统的预测控制仿真实验是通过设计稳态需求和非稳态需求两种情况进行的，其目的是证明 MVC 方法在追踪需求变化、减弱或避免牛鞭效应方面的有效性。

7.1.4.1　稳态需求

当式（7－24）中的参数 $r=0$ 时，则需求是稳定的，设定客户需求为一阶自回归模型，具体设定如下：

$$U_C(t)=\frac{1}{1-0.6z^{-1}}\xi(t) \tag{7-43}$$

针对稳态需求事件，使用式（7－35）绘制出式（7－43）的频域响应图，如图7－3所示。图7－3（a）中设定三种不同的惩罚因子 ρ（$\rho=1,2,3$）和一种被测库存变化因子 $p_1(p_1=0.5)$。由图7－3（a）可以看出，随着 ρ 的增加，牛鞭效应相应减弱。同样，如果固定 ρ 而相应增加 p_1，也会出现同样效果，如图7－3（b）所示。

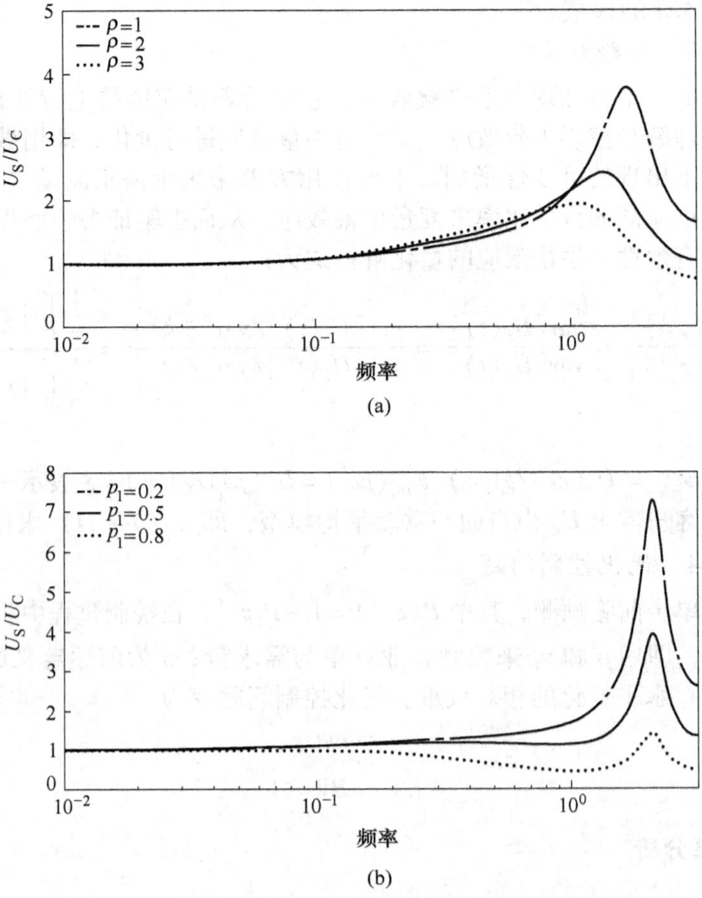

图7－3　稳态需求模式下的频域响应图

（a）p_1 不变，ρ 变化；（b）p_1 变化，ρ 不变

为了进一步研究两个控制器协调参数 ρ 和 p_1 对整个供应链控制系统优化影响，绘制出 ψ 和 BW 的等高图，如图 7-4 所示。由于式（7-43）中存在随机项 $\xi(t)$，因此仿真图中列出了目标函数 ψ 的所有数值。

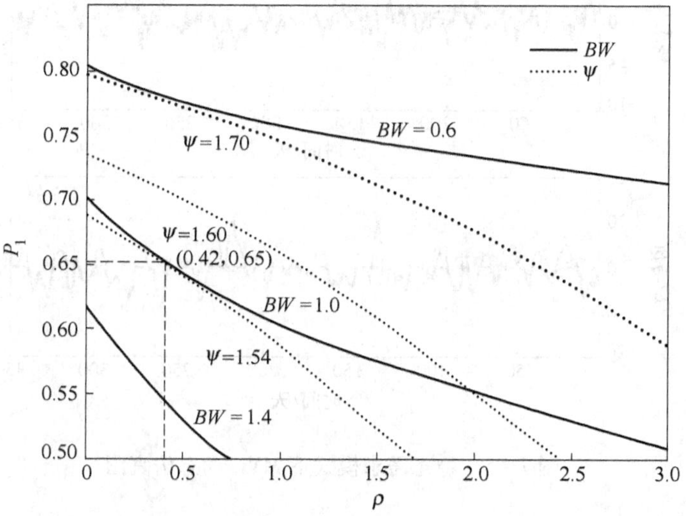

图 7-4 稳态需求模式下 ψ 和 BW 的等高图

由图 7-4 可知，虽然随着 p_1 增加，牛鞭效应相应减弱，但是总成本函数 ψ 却一方面随着 p_1 增加而不断增加；另一方面随着 ρ 的减少而降低。从图中可以确定超额库存和未交付订单的最优控制点在 $\rho=0.42$ 和 $p_1=0.65$。

通过已确定的最优控制点，采用 MVC 方法对稳态需求模式下订单与需求、超额库存与未交付订货进行动态仿真分析，仿真结果如图 7-5 所示。

图 7-5 中可以看出，利用 MVC 方法可以有效地追踪动态需求，使订单和需求的预测基本保持一致，不产生较大的牛鞭效应，从而满足客户的需求。此外，通过预测市场变化，可以使企业保持较小的库存水平（EI 和 BO），以应对动态的市场变化。

7.1.4.2 非稳态需求

建立一个非稳态需求模型，模型如下：

$$U_{\mathrm{C}}(t)=\frac{1}{(1-0.6z^{-1})(1-z^{-1})}\xi(t) \tag{7-44}$$

图 7-6 为非稳态需求模式下 ψ 和 BW 的等高图。图中 ψ 和 BW 的趋势与稳定需求模式下相似，最优控制点在 $\rho=2.6$ 和 $p_1=0.86$。

同样，通过已确定的最优控制点，采用 MVC 方法可以对非稳态需求模式下订单与需求、超额库存与未交付订货进行动态仿真分析，仿真结果如图 7-7

所示。

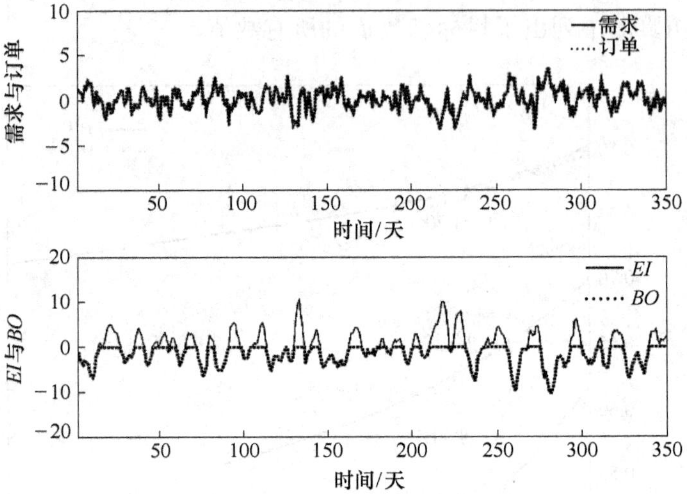

图 7－5　稳态需求模式下 MVC 动态仿真图

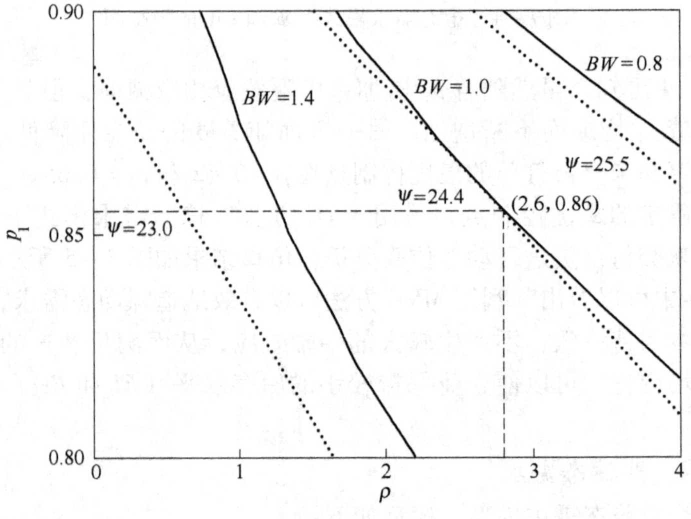

图 7－6　非稳态需求模式下 ψ 和 BW 的等高图

7.1.4.3　多节点仿真实例

现实中的供应链上存在许多供应链节点，如多个零售商、多个分销中心和多个仓库。图 7－8 所示为一个三级供应链系统，其中包含一个分销中心和两个零售商节点。分销中心分别从两个零售商接受订单，其中一个是稳定需求，而另一

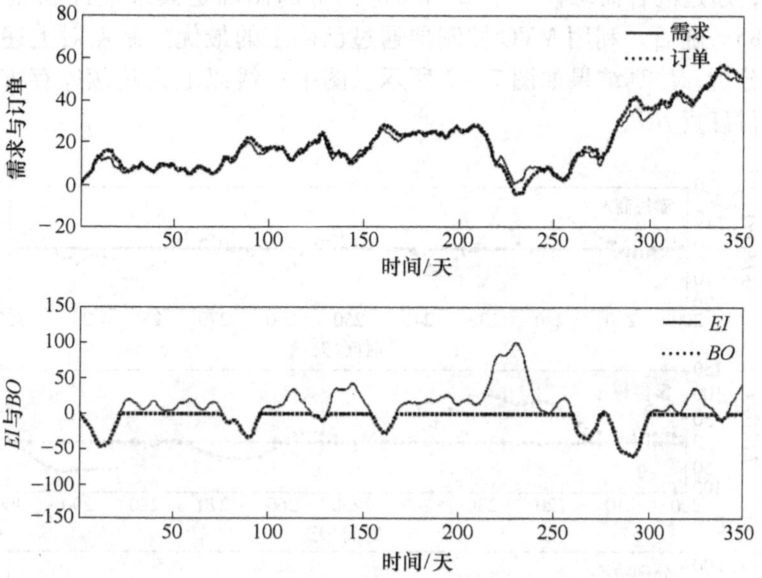

图 7-7 非稳态需求模式下 MVC 动态仿真图

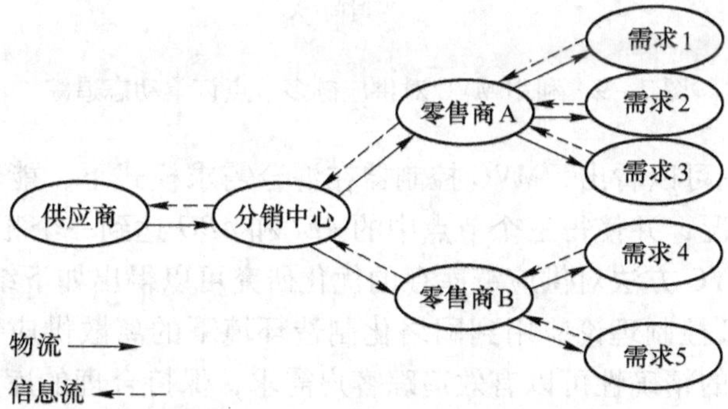

图 7-8 多级供应链结构

个是非稳定需求。假设两个零售商的需求模型为：

$$U_{\mathrm{C,RA}}(t)=\frac{1}{1-0.6z^{-1}}\xi(t) \tag{7-45}$$

$$U_{\mathrm{C,RB}}(t)=\frac{1}{(1-0.6z^{-1})\Delta}\xi(t) \tag{7-46}$$

分销中心的需求模型是基于这两个零售商的历史订单，其模型如下：

$$U_{\mathrm{C,DC}}(t)=\frac{1}{(1-0.62z^{-1})\Delta}\xi(t) \tag{7-47}$$

首先，通过混合需求模式下 ψ 和 BW 的等高图确定其最优控制点在 $\rho=2.9$ 和 $p_1=0.85$。随后，利用 MVC 控制器通过已确定的最优控制点对上述三个节点进行仿真分析，仿真结果如图 7－9 所示。图中 0 线以上为超额库存 *EI*，0 线以下为未交付订货 *BO*。

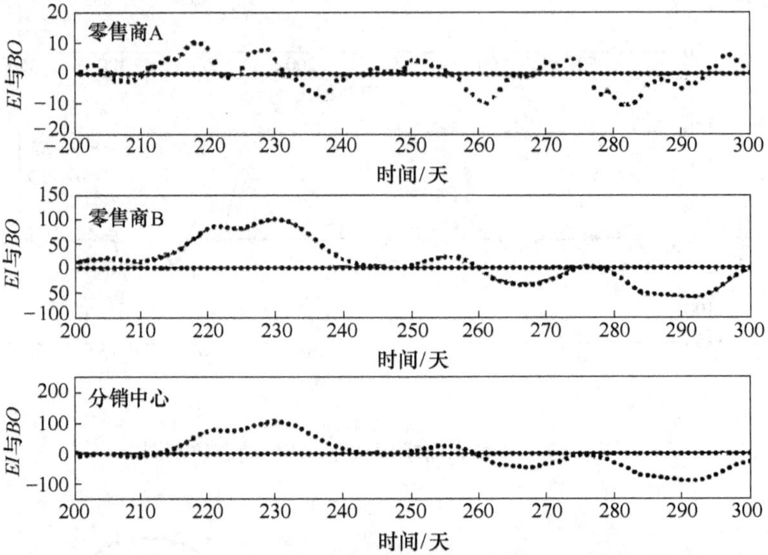

图 7－9 利用 MVC 对供应链多节点订单动态追踪

从图 7－9 中可以看出，MVC 控制器在混合需求模式下，能够追踪供应链多节点上的需求情况，并使得三个节点中的 *AEI* 和 *ABO* 达到一个相对合理水平。

通过采用 MVC 方法对供应链库存的优化研究可以得出如下结论：

（1）将 MVC 控制理论应用到网络化制造环境下的离散供应链系统中，其对订单预测、控制的精确性可以有效追踪客户需求，保持合理的库存水平，并最大限度减少牛鞭效应的发生。

（2）MVC 控制理论弥补了传统的订单控制策略的不足，符合网络化制造模式中混沌和有序相统一的要求。

（3）未来的研究重点是不断完善 MVC 在动态供应链系统中的控制对象模型，以适应更加复杂多变的现实供应链管理系统。

7.2 利用模型预测控制方法优化供应链库存

网络化制造是企业应对知识经济和制造全球化的挑战，实施的以快速响应市场需求和提高企业竞争力为主要目标的一种先进制造模式。在网络化制造模式中，供应链管理是其功能分系统之一，主要负责供应链的组织、合作伙伴任务的分配和管理、利益分配以及生产过程优化。在供应链生产过程优化问题上，库存的动态优化控制直接影响供应链中各个环节的执行情况。目前，国内外已有许多学者对此从不同领域加以研究。文献［145］建立了供应链设计中的企业动态仿真模型。文献［146］研究了利用动态调度处理供应链中的需求变化问题。文献［147］运用不对称信息处理了供应链中的动态、随机库存问题。这些研究多数是从运筹学和管理科学角度出发，运用优化理论和智能算法处理供应链库存中动态优化问题，而且大多建立在供应链各组成部分的信息共享和透明度较好的假设基础上，在处理由于动态性而引发的约束问题、模型不精确、鲁棒性以及不确定环境下多变量情况却并不理想。

本节从优化控制角度出发，提出一种更有利于控制供应链库存的方法——模型预测控制（MPC），建立基于成本函数的库存控制模型，提出控制策略和相应的控制算法，通过仿真实例证明该控制方法在解决供应链库存动态性方面的优越性以及其本身可作为网络化制造系统的良好的支撑技术。

7.2.1 问题的描述

网络化制造环境下供应链管理是一种快速响应市场需求并对整个供应链网络系统进行计划、协调、控制和优化的过程，其中动态库存优化控制是供应链网络控制中的难点。现实中供应链的需求变异放大以及需求预测中的不确定性，导致了企业控制库存的难度加大。由于库存控制中所有决策是基于预测，因此控制中的不确定性会时常发生。此外，在供应链中每个节点企业都是能够独立做出决策的子系统，这些子系统根据自身情况做出局部优化，而这些局部优化相对于整个供应链系统并不是最优的，甚至可能导致类似牛鞭效应的负面影响发生，因此整个系统的全局优化至关重要。

目前，控制库存的主要方法是供应商管理库存（VMI）和联合库存管理策略（JMI）。其中，VMI 突破传统的条块分割的库存管理模式，以系统的、集成的思想进行库存管理，使供应链系统能够协调运作；JMI 则把供应链系统管理进一步集成为上游和下游两个协调管理中心，从而部分消除了由于供应链环节之间的不确定性和需求信息扭曲现象导致的供应链库存波动。

以上两种方法虽然相对于传统的库存管理模式有了很大的改进，但在具体执行上仍有一些局限性，如在需求预测精度、控制过程中的约束和延迟、库存的动态实时优化控制等方面仍有不尽如人意的地方。针对这种情况，本节在以上库存理论基础上利用控制理论中的 MPC 技术来解决供应链中动态库存优化问题。

MPC 是成功应用于工业控制中的先进控制方法之一。正如前述，它是一种基于预测过程模型的控制算法，它根据过程的历史信息判断将来的输入和输出，强调模型的函数而非模型的结构[148]。MPC 采用滚动优化，对于动态特性变化和存在不确定因素的复杂系统，无须在全局范围内判断最优化性能。因此这种优化方法非常适合解决供应链管理中的动态优化问题，也与网络化制造模式的协同性、快速响应特性相适应。这也正是本节采用 MPC 控制技术的原因所在。基于 MPC 前述特性，将 MPC 技术应用在网络化制造环境下的供应链管理系统中，力求动态调整企业合理的库存水平，并以最快速度响应市场和客户的需求，进而满足企业对生产的敏捷性和柔性的要求。

7.2.2　模型预测控制方法介绍

7.2.2.1 模型预测控制概述

经典控制理论和现代控制理论都需要受控对象的精确数学模型。然而实际工业过程往往是多变量、高阶、时变的复杂过程，难以得到其某一时刻的精确的数学模型。即使付出很大代价，得到其某一时刻的精确模型，并求出该时刻的最优控制策略，但在下一时刻，由于对象和参数的时变，原来求得的最优控制策略失去最优性。如何解决理论和实际应用之间的矛盾，找到一种对模型精度要求不高但又具有高质量控制性能的方法，就具有十分重要的理论和现实意义。一方面，进入 20 世纪 80 年代，工业生产朝着大型化、自动化方向发展，对自动控制技术提出了更高的要求。传统的控制方法，如 PID 控制器远远不能满足要求。另一方面，计算机技术突飞猛进，软、硬件成本不断降低，通信技术、智能传感检测技术的应用，集散控制系统（DCS）、现场总线控制系统（FCS）等高级控制策略的采用，为预测控制的产生、应用与发展奠定了技术基础。预测控制兴起于 20 世纪 70 年代末 80 年代初，它的出现吸引了大批专家学者。预测控制的理论成果相继得出，并在石油、化工、电力、航空等工业部门中得到了很成功的应用。预测控制是一种新型计算机控制算法，一般包含三个基本要素：模型预测、滚动优化和反馈校正。这三个要素同时也是预测控制在实际工程应用中能否得到成功应用的关键因素。与其他控制算法相比，预测控制有其自身的特点：

（1）对模型的精度要求不高，建模方便，过程描述可由简单实验获得。

（2）采用非最小化描述的模型，系统鲁棒性、稳定性较好。

（3）采用滚动优化策略，而非全局一次优化，能及时弥补由于模型失配、畸变、干扰等因素引起的不确定性，动态性能较好。

（4）易将算法推广到有约束、大迟延、非最小相位、非线性等实际过程。尤为重要的是，它能有效处理多变量、有约束问题。

7.2.2.2　模型预测控制的四个基本原则

A　建模

模型预测控制的第一个原则是建模。这一原则是模型预测控制的基础，因为模型的好坏直接影响控制的质量，另外它也是模型预测控制不同于普通 PID 控制的根本所在。现在应用的模型大致可以分为参数模型和非参数模型两大类。一般采用非参数模型，如 MPHC、QDMC、GPC 等，这种模型建模比较方便，可以直接通过试验获得。当然也有采用参数模型的，如 Ydistie 使用 CARMA 模型，Desyer 和 Van Cauwenberghe 使用 CARIMA 的模型。Peterka 使用类似于 CARIMA 的模型。参数模型的建模比较复杂，一般包括模型结构的选择和模型参数的辨识两部分。对于结构的选择，现一般采用线性模型结构，因为现有控制理论对于线性系统的稳定性、鲁棒性以及动态特性的分析已十分成熟，而对于非线性的却较少。当然现在已有越来越多的学者开始研究基于非线性模型的预测控制。

B 参考响应轨迹

控制量的幅值受实际条件的限制，只能在一定的范围内变化，其变化速度一般也在一定的范围之内，另外被控对象往往受到不可测干扰的影响，这些因素使得被控变量很难在一拍之内跟踪设定值，一般需要经历一段时间输出才能跟踪设定值。因此根据设定值建立参考响应轨迹，使被控变量沿着参考响应轨迹逐步趋向设定值，这样可防止直接跟踪可能带来的大幅超调而导致的长时间振荡。参考响应轨迹概念是 Propoi 于 1963 年提出的。参考响应轨迹在模型预测控制中的应用是控制领域的一大进步，也是模型预测控制优于预估控制的一个重要方面，它使得输出预测的时间长度可以超过时滞长度。输出预测值 $\hat{y}(k+i)$ 一般由两部分构成：第一部分是过去控制作用对未来输出的影响，它只与过去已知的信息有关，因而是可计算的；第二部分是指现在和未来的控制作用对未来输出的影响，由于未来控制量是未知的，因此只能预测。

C 控制律

模型预测控制的控制律是一种反馈控制律，其控制量的大小是根据预测输出偏差来调整的。预测输出偏差指输出预测值偏离参考输出值的大小。参考输出值根据参考响应轨迹确定。控制量的预测同输出预测一样，不只是下一个控制时刻的预测，这不同于预估控制只预测下一个控制时刻的控制量的大小。当然模型预测控制在每一个控制时刻只把未来第一个控制时刻的预测控制值应用于控制，其他时刻的预测控制值用于目标函数的性能指标计算。模型预测控制采用了参数响应轨迹策略，本身具有很强的抗干扰能力，因此一般不再单独增加抗干扰措施。模型预测控制控制律的计算依据是：现在和未来控制作用的加入使得预测输出曲线尽可能地与参考响应轨迹相一致。

D 偏差优化

模型预测控制的偏差优化指通过合理地选择操纵变量序列，使得预测输出序列尽可能地接近参考响应轨迹。为了使预测输出尽可能地与参考输出相一致，首先需要构造一定的目标函数，并考虑各种约束条件，然后运用最优算法来求解这一静态优化问题，实现约束预测控制。控制变量序列的选择原则是使目标函数最小，因此目标函数的选择起着至关重要的作用。目标函数一般可以采用三种形式，相应的最优控制算法也有三种。

（1）二次范数目标函数，无约束形式如下：

$$J = \sum_{i=1}^{p} [\hat{y}(k+i) - w(k+i)]^2 \tag{7-48}$$

二次范数形式被广泛采用，一方面是因为二次范数形式求得的控制律表达形式具有明确的含义，特别是在无约束的情况下；另一方面是因为它的稳定性、鲁棒性和响应特性可用标准的方法分析。它的缺点是对多输入多输出系统，在预测控制时间长度较长时，要求大量的存储容量，而且计算量也大。基于二次范数目标函数的算法称为 QP（Quadratic Programming）算法，本节正是采用该形式。

（2）一次范数目标函数，无约束形式如下：

$$J = \sum_{i=1}^{p} |\hat{y}(k+i) - w(k+i)| \tag{7-49}$$

一次范数形式的控制律没有明确的表达形式，因此对于其稳定性和响应特性的一些简单分析手段都不存在。基于一次范数目标函数的算法称为 LP（Linear Programming）算法。

（3）无穷范数目标函数，无约束形式如下：

$$J = \max_{i=1,2,\cdots,p} |\hat{y}(k+i) - w(k+i)| \tag{7-50}$$

无穷范数形式在某些场合特别有用，如预测输出与参考响应轨迹之间不允许存在偏差的场合。

7.2.2.3 模型预测控制的原理与结构

虽然模型预测控制算法种类较多，但都可以用预测模型、滚动优化和反馈校正这三条基本原理加以概括。本节主要以模型算法控制（MAC）为例，简要阐明模型预测控制的基本原理。

A 预测模型

模型是预测控制的基本元素。预测模型的功能是根据对象的历史信息和未来输入预测其未来输出。构建系统的近似脉冲传递函数作为预测控制的模型。系统在 m 个连续控制量作用下，优化时域 p 内各个时刻预测输出为：

$$\begin{aligned}\hat{Y}(k+1) &= \hat{Y}_{\mathrm{p}}(k+1) + Y_{\mathrm{f}}(k+1) \\ &= A_1 U(k-1) + H[y(k) - y_{\mathrm{p}}(k)] + A_2 U(k)\end{aligned} \tag{7-51}$$

$$\hat{Y}(k+1) = [\hat{y}(k+1/k) \cdots \hat{y}(k+p/k)]^{\mathrm{T}} \tag{7-52}$$

$$\hat{Y}_{\mathrm{p}}(k+1) = [\hat{y}_{\mathrm{p}}(k+1/k) \cdots \hat{y}_{\mathrm{p}}(k+p/k)]^{\mathrm{T}} \tag{7-53}$$

式中，H 为校正系数矩阵。

B 滚动优化

预测控制的优化，下一时刻只施加当前时刻控制作用，依次滚动进行。它是在线反复进行的，而且优化是局部优化。MAC 采用如下优化性能指标：

$$\min J(k) = \sum_{i=1}^{p} q_i[y_d(k+i) - \hat{y}_p(k+i) - y_f(k+i)]^2 + \sum_{j=1}^{m} r_i u^2(k+j-1) \tag{7-54}$$

式中，q_i 和 r_i 分别为误差加权系数和控制加权系数。

利用式（7－51）和式（7－54）可以得到系统在优化时域 p 内的二次型性能指标函数：

$$\min J(k) = \| Y_d(k+1) - \hat{Y}_p(k+1) - A_2 U(k) \|_Q^2 + \| U(k) \|_R^2 \tag{7-55}$$

其中，

$$Y_d(k+1) = [Y_d(k+1), \cdots, Y_d(k+p)]^T,\ Q = \mathrm{diag}(q_1, \cdots, q_p),\ R = \mathrm{diag}(r_1, \cdots, r_m) \tag{7-56}$$

通过极值必要条件，即得二次型性能指标函数的最优解，按滚动优化准则，每步只需要计算出当前最优控制量，即

$$u^*(k) = k_1[Y_d(k+1) - \hat{Y}_p(k+1)] \tag{7-57}$$

式中，k_1 为即时控制增益阵。

式（7－57）即为 MAC 的即时最优控制律。

C 反馈校正

预测控制是一种闭环控制算法，预测值与真实值之间存在一定的偏差，只有充分利用实际输出误差进行反馈校正，才能得到良好的控制效果。在此，利用模型的预测误差公式（7－58）来校正模型的预测，得到新的更为准确的模型的预测。这个过程将反复在线进行。

$$Y_e(k+1) = Y_d(k+1) - \hat{Y}_p(k+1) \tag{7-58}$$

图 7－10 说明了模型算法控制的基本结构。

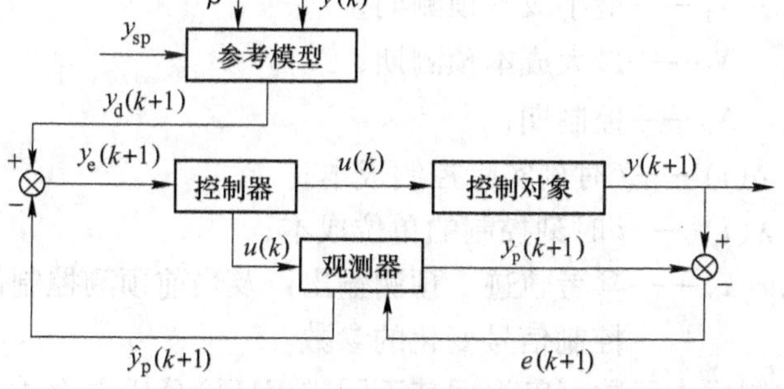

图 7－10 预测控制原理

7.2.2.4 模型预测控制的工业应用

预测控制理论来自于工业实践，随着其理论研究的不断深入，预测控制在工业过程的应用越来越广，范围遍及石油、化工、建材、冶金、航空、机械制造、食品加工、军事等几乎所有行业，控制技术、手段等也不断提高。据调查统计显示，在工业领域中应用预测控制技术的工业装置达到数千套，而且呈不断加速增长的趋势。预测控制已成为在工业领域中应用的主要的先进控制策略，给企业带来了巨大的效益。由于预测控制的特点和在石油、化工、电力等行业的成功应用，再加上可观的经济效益，许多大公司不断推出和更新各种预测控制工程软件产品，为预测控制的应用起到了促进和桥梁的作用，如美国 AspenTech 的 DMC-plus 软件包、法国 Adersa 的 FPC、加拿大 Treiber Controls 的 OPC。我国也已开始开发自己的相应工程软件，并逐步走向商品化、工程化。这些软件已得到了很好的应用，取得了很大的社会效益和经济效益。

MathWorks 公司开发的 MATLAB 软件包中有 Model Predictive Control 工具箱，只需调用一个函数，就能实现相应的模型预测控制功能，方便、快捷、效率高。正因为如此，MATLAB 软件包在控制系统设计、调试、计算机仿真方面得到了广泛应用，本书正是应用该软件包进行实例应用分析。

7.2.3 模型预测控制在供应链管理中的应用

7.2.3.1 模型的建立

利用模型预测控制方法动态优化控制供应链库存所面临的关键问题是建立合理的模型。根据网络化制造环境下供应链库存的控制特点，建立如下目标函数基本形式：

$$J(N_1,N_2,N_u) = \sum_{j=N_1}^{N_2}\delta(j)[\hat{y}(k+j|k) - w(k+j)]^2 + \sum_{i=1}^{N_u}\lambda(i)[\Delta u(k+i-1)]^2 \tag{7-59}$$

式中 N_1——最小成本预测期；

N_2——最大成本预测期；

N_u——控制期；

$\delta(j)$——j 时刻实际控制成本；

$\lambda(i)$——i 时刻控制的单位成本；

$w(k),\hat{y}(k),u(k)$——参考轨迹、预测输出以及当前预测控制信号与前一预测控制信号变化的参数。

模型预测控制成本函数可以根据其不同应用环境分成二次成本函数和线性成本函数两类。

A 二次成本函数

二次成本函数使用二次项成本形式，在成本呈现指数增加的事件中，这种二次成本函数是很有优势的，它可以避免使用线性成本函数所面临的误差变量问题。在执行库存控制过程中，可以将式（7－59）的二次成本函数形式简化成如下模型：

$$\min J(N_1,N_2,N_u) = \sum_{i=N_1}^{N_2}\delta(i)[I_d(i) - \hat{I}(i)]^2 + \lambda(i)\sum_{i=1}^{N_u}[\Delta O(i)]^2 \tag{7-60}$$

式中 $I_d(i)$——i 时刻目标库存水平；

$\hat{I}(i)$——i 时刻依据订货水平确定的预测库存水平；

$\delta(i),\lambda(i)$——i 时刻加权值，二次成本函数利用参数 λ 来惩罚订货水平的变化；

$\Delta O(i)$——在 $i-1$ 至 i 时刻订货水平的变化。

式（7－60）是本节随后仿真中所采用的模型。

B 线性成本函数

线性成本函数与二次成本函数有很大不同，其所有成本皆成线性增加，并通过惩罚库存单位成本来控制库存。在线性成本函数中线性成本采用交易成本来平衡控制，否则优化结果将不能保持一定的库存水平。在执行库存控制过程中，其线性成本函数基本形式可以写成如下模型：

$$\min J(N_u) = \sum_{i=1}^{N_u}[\delta(i)\hat{I}(i) + \varphi(i)\hat{S}(i)]^2 \tag{7-61}$$

式中 $\delta(i)$——权重或实际单位成本；

$\hat{I}(i)$——i 时刻预测库存水平；

$\varphi(i)$——i 时刻控制库存和缺货情况的罚值；

$\hat{S}(i)$——i 时刻预测缺货水平。

其中，$\hat{I}(i)$ 和 $\hat{S}(i)$ 依赖于订货水平，并且皆为正值。式中选择交易成本来执行成本函数，目的不是为了最小化成本而是为了最大化利润，并且在此模型中交易成本应介于总成本和销售利润之间[149]。

由于线性成本函数采用交易成本来执行成本函数会使得库存控制出现较大的变化，因此本书在函数选择上推荐使用二次成本函数。

7.2.3.2 控制策略

如前所述，模型预测控制算法是一系列控制算法，它通过最小化目标函数来设计其优化控制策略。算法中包含两个主要部分，即优化器和系统模型。其中优化器包含一个带有约束并且能接收参考轨迹 $w(k)$ 的成本函数，$w(k)$ 能够引导输出，如图7－11所示。在模型预测控制中实际预测由模型来完成，模型能够从控制器中获取前一输出 $y_p(k)$、前一输入 $u_p(k)$ 和未来输入 $u(k)$，并以此为基

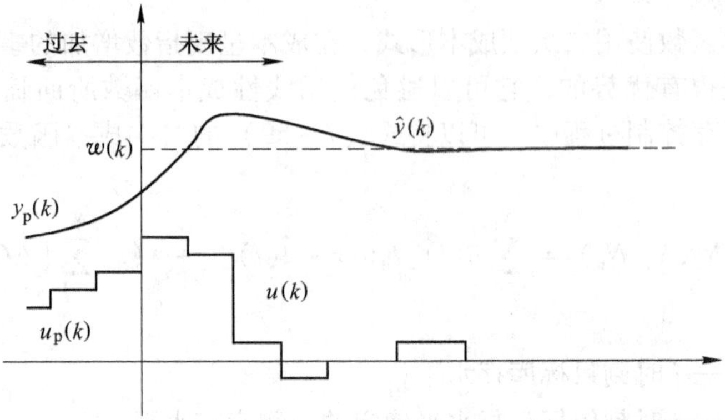

图 7 - 11　模型预测控制优化策略

础预测未来输出 $\hat{y}(k)$。这些预测结果随后被用来测评控制和进行下一步优化操作。当时域内的所有控制信号测评完毕后，预测过程中仅使用最初的控制信号，其余的控制信号将被舍弃，原因是在下一优化时刻，前一输出已经获得，并且由于获得了新的信息，因此一个新的、更为准确的预测被做出，这也是滚动时域控制技术的要点所在。它使得时域中每一步预测变得更加准确，但随之而来会出现计算量繁重的问题。另外，滚动时域控制技术也让 MPC 算法能够处理较长的时间延迟。

7.2.3.3　理想库存水平

本节设定 SCM 的主要目标是满足特定客户的需求，这会使成本函数的意义发生根本变化。因此，不必在控制策略中刻意强调执行每一个单位成本，而应把重点放在影响客户满意水平和控制的鲁棒性上。实践中对库存的优化控制对这两方面起着非常关键的作用，库存在 SCM 中起到缓冲作用，从而保证客户需求满意水平。客户需求满意水平表示全部客户的需求得到满足的百分率，其函数表达式为：

$$\mathrm{CDS} = \int_{-\infty}^{\phi\mathrm{CDS}(k)} p[D(k)]\,\mathrm{d}D(k) \qquad (7-62)$$

式中　CDS——理想客户需求满意度；

$\phi\mathrm{CDS}(k)$——k 时刻 CDS 水平的置信上限；

$p[D(k)]$——k 时刻需求值 $D(k)$ 的密度函数。

在解出 $\phi\mathrm{CDS}(k)$ 后，理想库存水平 $I_d(k)$ 可由式（7 - 63）求出。

$$I_d(k) = \phi\mathrm{CDS}(k) - E[D(k)] \qquad (7-63)$$

式中，$E[D(k)]$为被测需求值 $D(k)$ 的期望值。

由于需求预测存在不确定性，因此安全库存是非常必要的，通过对安全库存的管理可最大限度地抑制需求预测的失真。

7.2.3.4 处理约束

模型预测控制的另一优势是能够处理供应链中的约束问题。由于网络化制造环境的动态性，供应链的走向时常由于约束条件而改变[150]。

图7－12为受约束的订货水平对库存的影响分析图。图中，MPC控制器利用库存作为缓冲从而保证一定的CDS水平，在控制期范围内，利用超出订货约束的部分构建一定的安全存货水平，使得控制器能以低负载高效运作，并节省大量资金。

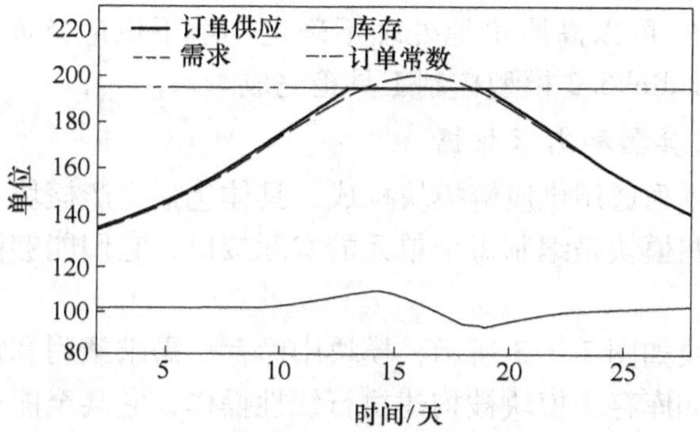

图7－12 受约束的订货水平对库存的影响

7.2.3.5 控制算法

将理想库存水平计算式（7－63）带入二次成本函数公式（7－60）中，由此导出实际执行算法。该算法在满足一定CDS水平和约束条件下，可以处理多产品事件，并且以最小化库存相关成本为基础进行操作。具体算法如下：

（1）建立需求预测 D，从而获得相关不确定的密度函数 $p(D)$，确定企业所需满足的CDS水平。

（2）在基于CDS水平值和不确定的密度函数 $p(D)$ 基础上，利用式（7－62）、式（7－63）计算理想库存水平 I_{d}，利用单位成本参数 δ 和 λ 优化成本函数 J，并确定相关约束。

（3）利用最小化成本函数 J 计算控制域内最优订货水平，并对每种产品仅使用最优订货水平的初值作为分包商的实际订货值。

在步骤（1）中，MPC通过滚动时域技术和多元回归方法进行需求预测，其多元回归预测模型为：

$$Y_i = \beta_1 + \beta_2 X_{2i} + \beta_3 X_{3i} + \cdots + \beta_k X_{ki} + \varepsilon_i \qquad (7-64)$$

式中 Y_i——事件中的需求预测；

X_{ji}——说明变量 X_j 的第 i 项观测值；

ε——误差项；

β_1——常数项。

通过该模型可预测下一时刻的需求，直至完成整个预测周期内的需求预测。

7.2.4 应用实例分析

本节以艾默生环境优化技术（沈阳）有限公司生产的半封闭制冷压缩机 S3、S4 和 S6 三种型号为研究对象。在分析三种产品需求数据的基础上对其中的 S6 产品的动态库存进行仿真分析。现实中的供应链系统具有太多不确定性，因此本书在仿真过程中简化了供应链系统，这样可使控制具有实际意义。实例分析的目的是证明采用 MPC 可以高质量地处理不确定环境下供应链库存的动态性问题。仿真分析采用 Simulink6.2 模型控制工具箱完成。

7.2.4.1 仿真器和需求数据

仿真器由一系列通用供应链模块构成，具体包括生产模块、库存模块和虚拟供应商模块。这些模块是编制每个单元的实际接口，它们能够简洁、清晰地构建整个供应链[151]。

通用生产模块如图 7－13 所示，模块中库存、需求预测和控制等子模块都能够独立执行。例如库存子模块被构建执行线性操作，它甚至能更真实地模仿现实中的供应链系统。此外，不同的控制和需求预测方法能通过控制和需求预测组件被测试和调节。通用生产模块通常会包含生产子模块，它能够模拟仿真工厂中的动态特性。

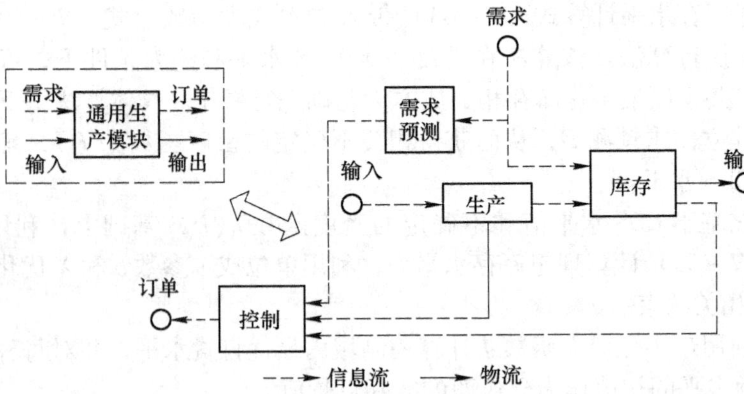

图 7－13 通用生产结构模块

通用库存模块基本上和通用生产模块相似，只是缺少生产子模块。通用库存模块被用来作为传统的仓库，或作为一个批发商。它同样有自己的控制组件、控制方法和区别于生产厂商的库存策略。

虚拟供应商模块不同于其他模块，它被用来解决较长供应链问题。通常没必要为供应链中所有企业都进行建模，而且在仿真过程中大多数上游公司与最终产品并无太多关系，因此有必要利用一个虚拟供应商模块来代替这些公司。这个模块从客户接受订单作为输入，通过必要的变更再将这些订单输出。此外，虚拟供应商模块也被看做程序设计器的接口。

在随后的 SC 仿真过程中大量使用了与三种产品相关的数据，并且考虑了畸变和周期性行为。畸变服从正态分布，其目的是为了保证需求预测尽可能的简单、有效而不是单纯为了预测[152]。

仿真中的需求数据采用高斯需求模式获取，如图 7－14 所示，图中三种产品的需求数据以周为单位。涵盖超过 6 年，共计 312 周的需求数据，在系统中仅使用头两年的数据作为需求预测的培养数据。

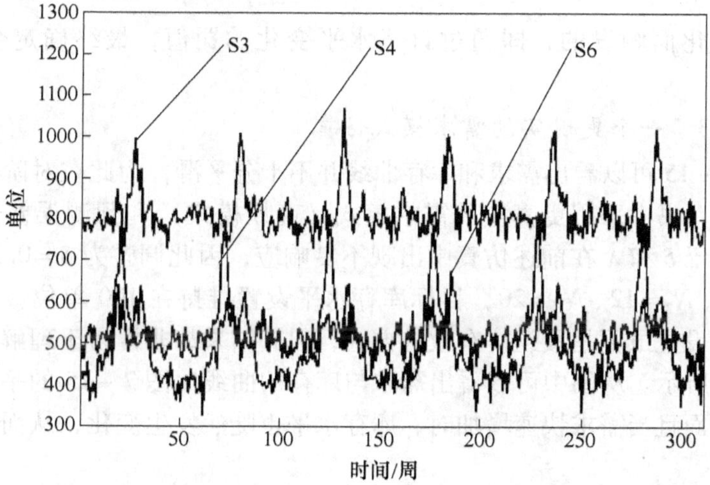

图 7－14 供应链仿真中所使用的需求数据

7.2.4.2 阶跃响应仿真

首先，选取型号为 6S 的产品对供应链进行基本的阶跃响应仿真。仿真中使用二次成本函数公式（7－60）作为执行成本函数，其控制参数设置如下：$\delta=0.1$、$\lambda=0.9$、$N_1=3$、$N_2=12$、$N_u=10$，并且由于生产和运输各产生一个时间单位的延迟，因此在每次订货与存货过程中会引发 2 个时间单位的延迟。另外，必须考虑储存过量的产品会产生腐蚀或失效，从而不适应库存需要，因此定义库存能力约束为 200 单位/库存。具体仿真结果如图 7－15 所示。从图中看到，MPC 可以准确预测需求以及库存水平，并且系统中需求和目标库存水平同时执行，其中目标库存随时响应需求变化以满足企业生产和销售需要。此外，MPC 可以准确预测出需求量 D 和理想库存水平 I_d 在第 50 天时发生阶跃，因此，控制器可以在发生阶跃响应之前发出额外订购指令。这是由于 MPC 的控制策略动态

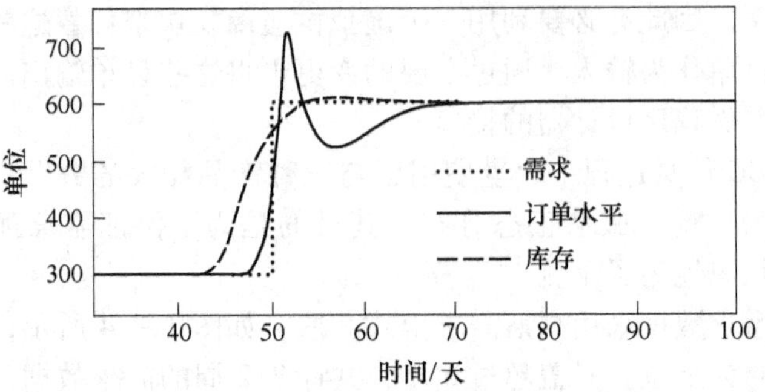

图 7 - 15　MPC 控制库存阶跃响应仿真图

调控订货变化而触发的，即通过订货水平变化的罚值，最终确定合理的安全库存。

7.2.4.3　一个更现实的需求模式仿真

从图 7 - 15 可以看出需求和库存曲线并不十分平滑，为此在对阶跃响应进行理论仿真后，书中采用更真实的需求模式（高斯模式）和预测误差进行现实仿真分析。由于 δ 和 λ 在前述仿真中出现不良响应，因此调整为 $\delta=0.3$、$\lambda=0.7$。设定 $N_1=3$、$N_2=12$、$N_u=20$，目标库存水平设置维持在 100 单位。在仿真过程中参数如此设置虽不是最经济有效的方式，但其结果却非常易于理解，仿真结果如图 7 - 16 所示。从图中可以看出需求与库存的曲线比图 7 - 15 的平滑，更贴近现实情况，而且当需求快速增加时，库存水平也陡然发生变化，从而快速响应市场变化。

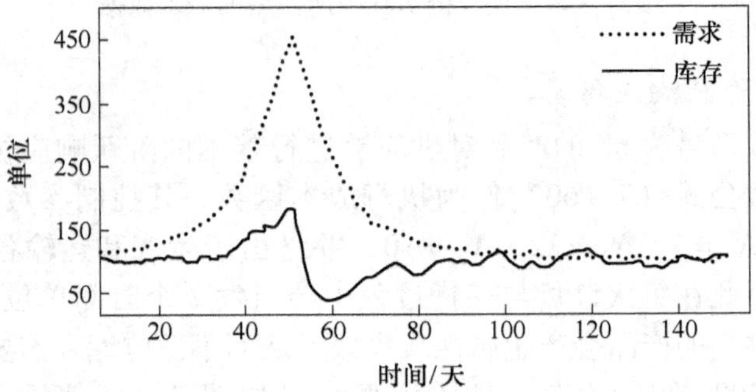

图 7 - 16　基于高斯需求模式的 MPC 控制库存响应图

采用 MPC 方法对供应链库存的优化研究结论如下：

（1）MPC 技术符合网络化制造模式中敏捷性、协同性等特点，其本身也可作为网络化制造系统的良好支撑技术。

(2) 创新地将 MPC 技术应用到网络化制造环境下的动态供应链管理中，仿真实例证明 MPC 能够有效控制企业高度动态和不确定性的 SC 系统，提高系统的鲁棒性，并通过柔性的约束处理、预测合理安全库存等来满足客户需求。

(3) 未来研究重点是针对 MPC 在处理任务复杂、计算量庞大以及动态振荡等问题上的局限性，尝试将模型参考控制（MRC）应用于 SCM 中，力求弥补 MPC 技术在上述问题中的不足。

7.3 利用分布式 MPC 方法预测供应链库存

网络化制造环境下供应链管理是一种快速响应市场需求并对整个供应链网络系统进行计划、协调、控制和优化的过程。其中动态优化控制是供应链网络控制中的难点，目前大多数文献从运筹学和管理学角度，运用优化理论和算法研究这类问题，但这些方法在处理模型不精确、鲁棒性以及不确定环境下多变量情况中并不理想。利用模型预测控制技术处理动态供应链管理中优化问题是新的研究方向。文献［153］建立了一个具有鲁棒性的模型预测控制结构，证明了模型预测控制技术在动态控制安全库存、有效盘活资金方面的有效性，其缺陷是需要建立非循环相互联络网络拓扑结构，并且从上游至下游需要连续更新。文献［154］采用了动态耦合非线性系统进行滚动时域控制，弥补了这一缺陷，所构建的供应链是一个含有循环特性的相互联络的网络结构，并且各阶段更新是并行的。这种改进接近现实中的供应链网络系统结构，但其在动态协同子系统的策略共享以及维护供应链网络结构的稳定性方面尚显不足。

本节提出一种分布式模型预测控制技术，在结合这一控制技术的特点和优势的基础上，根据实际网络化制造环境及动态供应链的特点提出完整的随机动态优化数学模型，通过仿真实例证明该控制法在解决 SC 动态性方面的优越性及其本身可作为网络化制造系统的良好支撑技术。

7.3.1 问题的描述

在满足客户需求的前提下，一个三级供应链网络由供应商（S）、制造商（M）和销售商（R）直接或间接构成[155]。现实中供应链网络是一个非常复杂的离散时间系统，为便于模型的建立，本节基于 Dell 的“接单生产”管理策略，这也便于后续的仿真实例分析。

图 7 - 17 为一个三级供应链结构模块图。图中供应链是由顾客需求驱动并引发的一系列信息流和物料流，其中信息流由左向箭头表示，过程中无时间延迟，而物料流由右向箭头表示，其过程中含有运输延迟模块 τ_2。图中包含三个阶段，

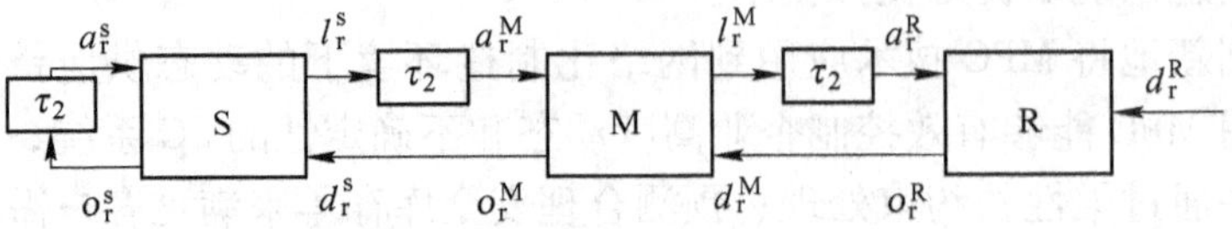

图 7-17 三级供应链结构模块图

即 S、M 和 R 阶段，设定 $x \in \{S, M, R\}$。各阶段隐含三个状态变量，即库存水平 s^x、未满足的订单 o_u^x 及积压订单 b^x。本节中所有变量的上标代表与之相关的阶段名称。图 7-17 中所示变量为各阶段的比率变量，具体设定如下：d_r^x 为需求率（每天下游所需要的产品数量）；a_r^x 为获得率（每天从上游获取的产品数量）；o_r^x 为订货率（每天从上游订购的产品数量）；l_r^x 为运输率（每天运往下游的产品数量）。其中订货率 o_r^x 为决策控制变量。由图 7-17 得出如下模型、状态和控制约束条件：

$$\left.\begin{aligned} \dot{s}^x(t) &= a_r^x(t) - l_r^x(t) \\ \dot{o}_u^x(t) &= o_r^x(t) - a_r^x(t) \\ \dot{b}^x(t) &= d_r^x(t) - l_r^x(t) \end{aligned}\right\}, \quad t \geqslant 0 \tag{7-65}$$

$$\text{s.t.} \quad \left.\begin{aligned} &0 \leqslant (s^x(t), o_u^x(t), b^x(t)) \leqslant s_{\max} \\ &0 \leqslant o_r^x(t) \leqslant o_{r,\max} \end{aligned}\right\}, \quad t \geqslant 0 \tag{7-66}$$

$$l_r^x(t) = d_r^x(t - \tau_1) + b^x(t)/t_b \tag{7-67}$$

供应链的动态性由累积率和两类物料延迟触发[156]。式（7-65）列出了三种累积率模型，即库存的变化率 $\dot{s}^x(t)$、未满足订单的变化率 $\dot{o}_u^x(t)$ 以及积压订单的变化率 $\dot{b}^x(t)$。两类物料延迟包括“管线”延迟和一阶物料延迟。式（7-66）给出了状态变量约束条件，式（7-67）中包含了管线延迟和一阶物延迟这两类物料流延迟，即运输率等于拥有一个时间延迟 τ_1（管线延迟）的需求率与积压订单清除率之和，而积压订单清除率表示积压订单除以平均清除积压订单所需时间（一阶延迟）。如果把式（7-67）带入式（7-65）中的积压订单变化率公式中，可以清楚地看出需求率的动态性导致积压订单的不确定性。

供应链管理的目标是最小化总成本，它包括避免积压订单以及保持库存和未满足订单接近于理想水平 $((s^x(t), o_u^x(t)) \to (s_d, o_{ud}^x(t))$，其中 s_d 为理想库存，$o_{ud}^x(t)$ 为理想未满足订单值)，理想未满足订单值可定义为 $o_{ud}^x(t) = t_1 l_r^x(t)$，其中 t_1 为交货周期[153]。从式（7-65）中的积压订单的变化率 $\dot{b}^x(t)$ 模型可以看出，如果将需求率 $d_r^x(t)$ 收敛于一稳定值 d_r，随后，积压订单值将趋于零，则运输率 $l_r^x(t) \to d_r$，理想未满足订单变成常数，即 $o_{ud}^x(t) = t_1 d_r$，从而保证供应链的稳定性。对于每个阶段 $x \in \{S, M, R\}$，获得率 a_r^x 和需求率 d_r^x 可定义如下：

$$\mathrm{S}: a_{\mathrm{r}}^{\mathrm{S}}(t) = o_{\mathrm{r}}^{\mathrm{S}}(t-\tau_2), d_{\mathrm{r}}^{\mathrm{S}}(t) = o_{\mathrm{r}}^{\mathrm{M}}(t)$$
$$\mathrm{M}: a_{\mathrm{r}}^{\mathrm{M}}(t) = l_{\mathrm{r}}^{\mathrm{S}}(t-\tau_2), d_{\mathrm{r}}^{\mathrm{M}}(t) = o_{\mathrm{r}}^{\mathrm{R}}(t)$$
$$\mathrm{R}: a_{\mathrm{r}}^{\mathrm{R}}(t) = l_{\mathrm{r}}^{\mathrm{M}}(t-\tau_2) \tag{7-68}$$

从式（7-68）中可以看出，各个阶段的获得率和需求率与企业的订货率或运输率有关。式（7-68）中未列出销售商阶段的需求率 $d_{\mathrm{r}}^{\mathrm{R}}(t)$，其值可由当前客户需求定义。将式（7-67）、式（7-68）带入式（7-65）中，得出如下各阶段累积率模型：

供应商阶段

$$\left.\begin{aligned}
\dot{s}^{\mathrm{S}}(t) &= o_{\mathrm{r}}^{\mathrm{S}}(t-\tau_2) - o_{\mathrm{r}}^{\mathrm{M}}(t-\tau_1) - b^{\mathrm{S}}(t)/t_{\mathrm{b}} \\
\dot{o}_{\mathrm{u}}^{\mathrm{S}}(t) &= o_{\mathrm{r}}^{\mathrm{S}}(t) - o_{\mathrm{r}}^{\mathrm{S}}(t-\tau_2) \\
\dot{b}^{\mathrm{S}}(t) &= o_{\mathrm{r}}^{\mathrm{M}}(t) - o_{\mathrm{r}}^{\mathrm{M}}(t-\tau_1) - b^{\mathrm{S}}(t)/t_{\mathrm{b}}
\end{aligned}\right\} \tag{7-69}$$

制造商阶段

$$\left.\begin{aligned}
\dot{s}^{\mathrm{M}}(t) &= o_{\mathrm{r}}^{\mathrm{M}}(t-\tau_1-\tau_2) + b^{\mathrm{S}}(t-\tau_2)/t_{\mathrm{b}} - o_{\mathrm{r}}^{\mathrm{R}}(t-\tau_1) - b^{\mathrm{M}}(t)/t_{\mathrm{b}} \\
\dot{o}_{\mathrm{u}}^{\mathrm{M}}(t) &= o_{\mathrm{r}}^{\mathrm{M}}(t) - o_{\mathrm{r}}^{\mathrm{M}}(t-\tau_1-\tau_2) - b^{\mathrm{S}}(t-\tau_2) \\
\dot{b}^{\mathrm{M}}(t) &= o_{\mathrm{r}}^{\mathrm{R}}(t) - o_{\mathrm{r}}^{\mathrm{R}}(t-\tau_1) - b^{\mathrm{M}}(t)/t_{\mathrm{b}}
\end{aligned}\right\} \tag{7-70}$$

销售商阶段

$$\left.\begin{aligned}
\dot{s}^{\mathrm{R}}(t) &= o_{\mathrm{r}}^{\mathrm{R}}(t-\tau_1-\tau_2) + b^{\mathrm{M}}(t-\tau_2)/t_{\mathrm{b}} - d_{\mathrm{r}}^{\mathrm{R}}(t-\tau_1) - b^{\mathrm{R}}(t)/t_{\mathrm{b}} \\
\dot{o}_{\mathrm{u}}^{\mathrm{R}}(t) &= o_{\mathrm{r}}^{\mathrm{R}}(t) - o_{\mathrm{r}}^{\mathrm{R}}(t-\tau_1-\tau_2) - b^{\mathrm{M}}(t-\tau_2)/t_{\mathrm{b}} \\
\dot{b}^{\mathrm{R}}(t) &= d_{\mathrm{r}}^{\mathrm{R}}(t) - d_{\mathrm{r}}^{\mathrm{R}}(t-\tau_1) - b^{\mathrm{R}}(t)/t_{\mathrm{b}}
\end{aligned}\right\} \tag{7-71}$$

模型（7-69）~（7-71）表示通过控制订货率 o_{r}^{x} 可以控制各阶段累积率，从而控制供应链动态性变化，这也是将订货率作为决策控制变量的原因所在。此外，在相邻阶段 S 和 M 及相邻阶段 M 和 R 之间存在动态双向耦合，动态双向耦合导致供应链中出现信息循环依赖性，双向耦合阶段会在每次更新前相互接收以前的计算预测值[157]。在仿真过程中，利用这些预测值的余项作为每次更新的假设预测值，并通过在双向耦合阶段设定假设预测值与实际预测值之间的局部偏差罚值（该罚值在成本函数中以动态抑制形式出现），以减少两值的偏差，从而减少误差放大。

7.3.2 分布式模型预测控制

分布式 MPC 技术在传统 MPC 基础上具有可测量性、稳定性以及允许各子系统并行更新等特性，通过建立动态耦合非线性系统以及相互联络的网络拓扑结构[158]，可以使动态协同子系统的信息和策略共享，并使信息能够及时有效地更新，从而快速响应供应链的动态性变化。

7.3.2.1 基本参数描述

在分布式 MPC 控制 SC 过程中，库存水平 s^{x} 和未满足的订单 o_{u}^{x} 可通过 MPC

进行优化分析，而积压订单 b^x 由于其不确定性，不能通过 MPC 进行优化控制，只能通过离散模型计算求得。控制过程中的具体参数描述如下：

在使用模型预测控制方法时，将连续时间模型离散化，并使用离散时间样本 $t_k = k\times\delta$（$\delta=0.2$，$k\in \mathbf{N}=\{0,1,2,\cdots\}$），作为采样周期；模型（7－69）～（7－71）在拉普拉斯域中求解。每个连续时间传递函数被转换成状态空间，并使用 δ 采样周期使函数离散化。设定预测周期 $T_p = p\times\delta$（$p=75$）；控制周期 $T_m = M\times\delta$（$M=10$）。在时间 t_k，…，t_{k+p} 内，将实际局部预测 s^x 表示为 $\{s^x(t_k;t_k),\cdots,s^x(t_{k+p};t_k)\}$（$t_k$ 为更新时间），而在任何时间 t_k，其真实库存表示为 $s^x(t_k)$，并且 $s^x(t_k)=s^x(t_k;t_k)$，同样，实际局部预测 o_{u}^x 也依此定义。MPC 中的被测干扰值（*MDs*）在本节中被定义为假设预测值，其一系列值在每个阶段可表示为 $D^x(t_k)$，具体表示为 $D^{\mathrm{S}}(t_k)=\{b_{\mathrm{as}}^{\mathrm{S}}(k),o_{\mathrm{r,as}}^{\mathrm{M}}(k)\}$、$D^{\mathrm{M}}(t_k)=\{b_{\mathrm{as}}^{\mathrm{M}}(k),b_{\mathrm{as}}^{\mathrm{S}}(k),o_{\mathrm{r,as}}^{\mathrm{R}}(k)\}$ 和 $D^{\mathrm{R}}(t_k)=\{b_{\mathrm{as}}^{\mathrm{R}}(k),b_{\mathrm{as}}^{\mathrm{M}}(k),d_{\mathrm{r}}^{\mathrm{R}}\}$，其中 $o_{\mathrm{r,as}}^x(k)=\{o_{\mathrm{r,as}}^x(t_k;t_k),\cdots,o_{\mathrm{r,as}}^x(t_{k+p};t_k)\}$，带有下标 as 的变量表示该变量为假定预测值；设定 $\chi^x(t_k)=\{s_{\mathrm{d}},o_{\mathrm{ud}}^x(t_k;t_k),\cdots,o_{\mathrm{ud}}^x(t_{k+p};t_k)\}$ 为 x 阶段的理想状态。

7.3.2.2 优化控制序列模型

利用决策控制变量 o_{r}^x 控制模型（7－69）～（7－71）中的各阶段累积率，从而调节供应链的稳定性。在 MPC 控制供应链动态性过程中，决策控制变量 o_{r}^x 以控制序列形式出现，其优化控制序列 $o_{\mathrm{r},*}^x(k)$ 可定义为 $\{o_{\mathrm{r},*}^x(t_k;t_k),o_{\mathrm{r},*}^x(t_{k+1};t_k),\cdots,o_{\mathrm{r}}^x(t_{k+M-1};t_k)\}$，并力求满足如下等式：

$$o_{\mathrm{r},*}^x(k) = \operatorname{argmin}\Big\{\sum_{i=1}^{p} W_{\mathrm{s}}[s^x(t_{k+i};t_k)-s_{\mathrm{d}}]^2 + W_{o_{\mathrm{u}}}[o_{\mathrm{u}}^x(t_{k+i};t_k)-o_{\mathrm{ud}}^x(t_{k+i};t_k)]^2 + \sum_{j=0}^{M-1} W_{\mathrm{u}}[o_{\mathrm{r}}^x(t_{k+j};t_k)-o_{\mathrm{r}}^{targ}]^2 + W_{\delta_{\mathrm{u}}}[o_{\mathrm{r}}^x(t_{k+j};t_k)-o_{\mathrm{r}}^x(t_{k+j-1};t_k)]^2\Big\} \tag{7-72}$$

式中，$o_{\mathrm{r}}^x(t_{k-1};t_k)$ 定义为 $\{o_{\mathrm{r},*}^x(t_{k-1};t_{k-1})\}$；$W_{\mathrm{s}}$ 为库存水平权重；$W_{o_{\mathrm{u}}}$ 为未满足订单权重；W_{u} 为订货率权重；$W_{\delta_{\mathrm{u}}}$ 为动态抑制罚值；o_{r}^{targ} 为目标订货率（$o_{\mathrm{r}}^{targ}\geqslant 0$）。

7.3.2.3 控制算法

分布式 MPC 算法采用滚动优化策略，即在线反复进行优化计算和滚动实施，使模型失配、畸变和干扰等引起的不确定性及时得到弥补，从而得到较好的动态控制性能，因此该控制算法非常适用于动态供应链管理，也与网络化制造的协同性和敏捷性相适应。结合本节，控制器具体计算步骤如下：

（1）初始化 $D^x(t_0)$，计算 $\chi_{\mathrm{r}}^x(t_0)$ 及 $o_{\mathrm{r},*}^x(0)$ 值。

（2）在 t_k 与 t_{k+1} 之间，执行当前控制动作 $o_{\mathrm{r},*}^x(t_k;t_k)$。

（3）在更新时间 t_{k+1} 时：

1）求取状态变量（$s^x(t_{k+1}), o_u^x(t_{k+1}), b^x(t_{k+1})$）。

2）求取 $D^x(t_{k+1})$。

① 设定 $o_{r,as}^x(t_{j+k+1};t_{k+1}) = o_{r,*}^x(t_{j+k+1};t_k)(j=0,\cdots,M-2)$ 和 $o_{r,as}^x(t_{j+k+1};t_{k+1}) = o_{r,*}^x(t_{k+M-1};t_k)(j=M-1,\cdots,p)$，并且如果 $x=\mathrm{R}$ 或 M，则分别发送 $o_{r,as}^x(k+1)$ 到 M 或 S。

② 计算 $b_{r,as}^x(k+1)$，如果 $x=\mathrm{S}$ 或 M，分别将值带到 M 或 R。

3）计算 $\chi^x(t_{k+1})$，并求取 $o_{r,*}^x(k+1)$。

（4）设 $k=k+1$，重复步骤（2）~（3）的计算过程。

7.3.3 应用实例分析

本节仍以半封闭制冷压缩机为背景，并以型号为 S4 的产品为研究对象，对其三级供应链系统进行仿真实验。上一节已经介绍过仿真器由一系列通用供应链模块构成，即包括生产模块、库存模块和虚拟供应商模块。在虚拟供应商模块中介绍过在制造商的上游不止一个供应商，但通常没必要为供应链中包含的所有企业都进行建模，而且在仿真过程中大多数供应商公司对最终产品并无太大影响，因此选取 S4 产品中的核心部件的供应为基准，建立一个虚拟供应商模块来代替这些公司。由于处在网络化制造环境中的电机 SC 系统具有太多的不确定性，因此，在仿真中尽量简化系统，这样可使控制具有实际意义。假设 $d_r^{\mathrm{R}}(t)=200$ 套/天（$t\in[0,5)\cup[15,\infty)$），$d_r^{\mathrm{R}}(t)=300$ 套/天（$t\in[5,15)$），各阶段权重为（$W_u, W_{\delta_u}, W_s, W_{o_u}$）=（1,5,5,1）。初始和理想库存分别是 $s^{\mathrm{S}}(0)=300$ 件和 $s_d=400$ 件。在仿真过程中启动预测选项，即在预测库存和未满足订单状态过程中使用销售阶段中的被测需求率作为预测选项。仿真采用 Simulink 6.2 模型控制工具箱完成。该企业动态供应链优化仿真如图 7-18、图 7-19 所示。

图 7-18 表明，使用销售阶段的被测需求率 $d_r^{\mathrm{R}}(t)$ 及采用 MPC 算法，可以获得各阶段的订货率（决策控制变量），依此预测各阶段库存和未满足订单的状态，从而较好地解决了供应链管理中库存及订单的动态、不确定性问题。由于所选需求率可靠，所预测的库存和未满足订单值非常逼近理想值，并显示较短的沉降时间，因此控制达到良好的效果。从图 7-18 中还发现 M 和 R 阶段的未满足订单出现非零稳态误差，这是由于系统模型的相对度和可控性引发的。

图 7-19 表明，在三级供应链协调过程中出现牛鞭效应，图中订货率轨迹可以证明这一点，即当信息向供应链上游（从销售商阶段向供应商阶段）传递时，在控制执行初期，订货率的最大幅度被放大，这主要是对需求预测修正引起的，也是现实供应链的真实体现[159]。但从订货率仿真图的整体走势来看，牛鞭效应在整个 SC 中并不十分突显，其原因在于：

（1）分布式 MPC 技术可以减少对需求的过度预测，并使整个 SC 中的库存具

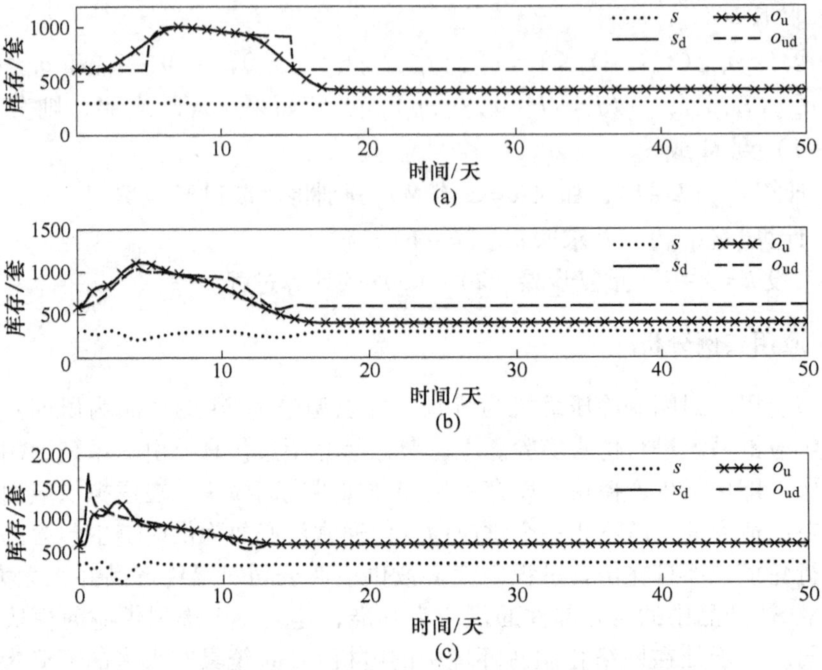

图 7－18　三级供应链各阶段状态响应图

（a）销售商状态响应；（b）制造商状态响应；（c）供应商状态响应

有可观测性，从而提高 SC 的效益（产能）和效率（服务水平），大大抵消 SC 中的牛鞭效应。

（2）网络化制造环境下的协同性也是降低 SC 牛鞭效应的原因根本所在。

本节从优化控制角度出发，将最小方差控制、模型预测控制等基于计算机控制理论的控制方法应用在网络化制造环境下的供应链库存控制中，结论如下：

（1）创新地将最小方差控制、模型预测控制和分布式 MPC 技术应用到网络化制造环境下的动态供应链库存管理中，其特有的精确性、鲁棒性和柔性，改变了传统库存控制理论在优化供应链动态性方面的缺陷，同时也符合网络化制造模式中的混沌和有序的统一。

（2）分布式 MPC 技术符合网络化制造模式中敏捷性、快速响应以及供应链伙伴间的协同性特点，其本身也可作为网络化制造系统的良好支撑技术。

（3）本节建立的模型大多建立在供应链信息共享和透明度较好的假设基础上，这多少受限于现实环境。未来研究重点是提高系统模型的精确性和实用性；将分布式 MPC 技术应用到多级供应链中，各级供应链中又包含不同的竞争对手

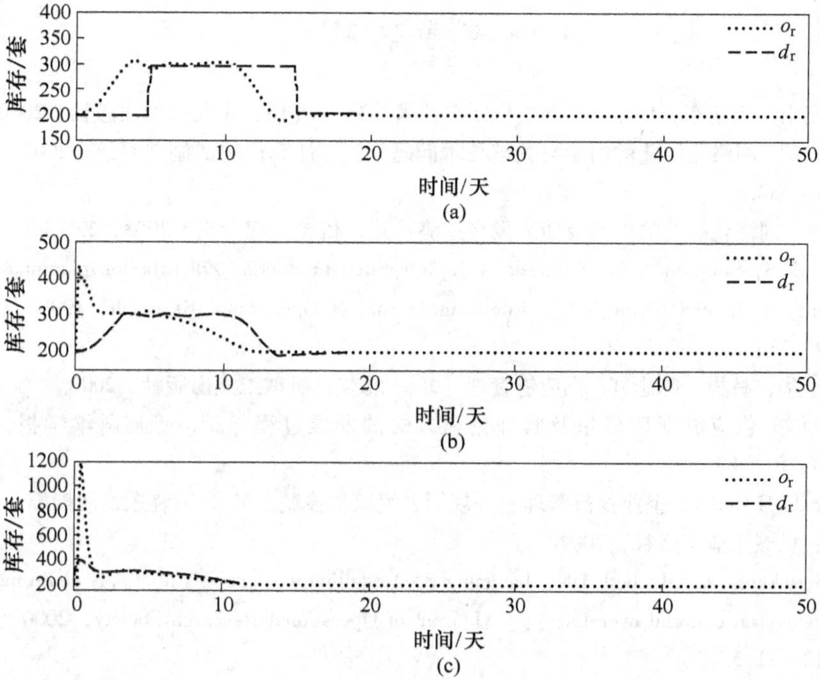

图 7－19 三级供应链各阶段订货率和需求率

（a）销售商订货率和需求率；（b）制造商订货率和需求率；（c）供应商订货率和需求率

或合作伙伴；不断拓展分布式 MPC 技术理论，以适应更加复杂多变的现实供应链系统。

参 考 文 献

[1] 王宛山，巩亚东，郁培丽. 网络化制造技术 [M]. 沈阳：东北大学出版社，2000.

[2] 范玉顺. 网络化制造的内涵与关键技术问题 [J]. 计算机集成制造系统，2003，19 (7)：576 – 582.

[3] 刘飞. 网络化制造的内涵及研究发展趋势 [J]. 机械工程学报，2003，29 (8)：1 – 6.

[4] Selcuk S, Simpson N C, Vakharia A J. Integrated production /distribution planning in supply chain: an invited review [J]. European Journal of Operational Research, 1999, 115 (2): 219 – 236.

[5] 马士华，林勇，陈志祥. 供应链管理 [M]. 北京：机械工业出版社，2000.

[6] 刘丽文. 供应链管理思想及其理论和方法的发展过程 [J]. 管理科学学报，2003，6 (2)：81 – 87.

[7] Ronald H Ballou. 企业物流管理——规划、组织和控制 [M]. 王晓东，胡瑞娟，等译. 北京：机械工业出版社，2002.

[8] Gunasekaren A, Macbeth DK, Lamming R. Modelling and analysis of supply chain management systems: an editorial overview [J]. Journal of Operational Research Society, 2000, 51 (9): 1112 – 1115.

[9] Shapiro J F. Modeling the supply chain [M]. Tomson Learning Inc. , 2001.

[10] Mabert V A, Vankataramanan M A. Special research focus on supply chain linkages: challenges for design and management in the 21st century [J]. Decision Science, 1998, 29 (3): 537 – 552.

[11] Malori M, Benton W C. Supply Chain partnerships: Opportunities for Operation Research [J]. European Journal of Operational Research, 1997, 101 (3): 419 – 429.

[12] Sharafali M, Co H C. Some models for understanding the cooperation between the supplier and the buyer [J]. International Journal of Production Research, 2000, 38 (15): 3425 – 3449.

[13] 陈安，刘鲁. 供应链管理问题的研究现状及挑战 [J]. 系统工程学报，2000，15 (2)：179 – 186.

[14] 任守渠，柴跃进. 敏捷供需链的管理与决策 [J]. 信息与控制. 1999，28 (5)：321 – 325.

[15] 陈志祥，马士华，陈荣秋. 敏捷化供应链系统的分析、设计与重构 [J]. 管理工程学报，2001，15 (1)：1 – 4.

[16] 陈荣秋. 生产计划与控制 [M]. 武汉：华中理工大学出版社，1995.

[17] 陈志祥，马士华，陈荣秋. SCM 建模理论与方法研究 [J]. 管理科学学报，1999，2 (1)：67 – 70.

[18] 蓝伯雄，郑晓娜，徐心. 电子商务时代的供应链管理 [J]. 中国管理科学，2000，8 (3)：1 – 7.

[19] 黄小原. 供应链模型与优化问题研究与进展 [J]. 信息与控制，2003，32 (2)：142 – 145.

[20] 王圣广，马士华. 基于全球供应链的虚拟企业 [J]. 管理工程学报，1999，13 (3)：9－12.

[21] Svoronos S, Zipkin P. Evaluation of one-for-one replenishment policies for multiechelon inventory systems [J]. Management Science, 1991, 37 (1): 68－83.

[22] Diks E B, Kok A G D, Lagodimos A G. Multi-echelon systems: a service measure perspective [J]. European Journal of Operational Research, 1996, 95: 241－263.

[23] R Emst, Powell S. Optimal inventory policies under service-sensitive demand [J]. European Journal of Operational Research, 1995, 87 (9): 316－327.

[24] George Tagaras. Pooling in multi-location periodic inventory distribution systems [J]. Omega 1999, 27 (6): 39－59.

[25] Xin X He, Susan H Xu, J Keith Ord, et al. An inventory model with order crossover [J]. Operations Research, 1998, 46 (3): 112－119.

[26] Markus E, Gerald E Feigin, Grace Y Lin, et al. A supply network model with base-stock control and service requirements [J]. Operations Research, 2000, 48 (2): 216－232.

[27] Towill D R, Del Vecchio A. The application of filter theory to the study of supply chain dynamics [J]. Production Planning and Control, 1994, 5 (1): 82－96.

[28] Newhart D D, Stott K L, Vasko F J. Consolidating product size to minimize inventory levels for a multistage production and distribution system [J]. Journal of Operational Research Society, 1993, 44 (7): 637－644.

[29] Nozick L K, Turnquist M A. Inventory, transportation, service quality and the location of distribution centers [J]. European Journal of Operational Research, 2001, 129: 362－371.

[30] Erkip N, Hausman W H, Nahmias S. Optimal centralized ordering policies in multi-echelon inventory systems with correlated demands [J]. Management Science, 1990, 36 (3): 381－392.

[31] Babbar S, Prasad S. International purchasing, inventory management and logistics research: an assessment and agenda [J]. International Journal of Operations and Production Management, 1998, 18 (1): 6－36.

[32] Baganha M, Cohen M. The stabilizing effect on inventory in supply chains [J]. Operation Research, 1998, 46 (3): 572－583.

[33] 曹文彬，何建敏. 电子商务环境下基于合作预测的库存补充策略 [J]. 管理工程学报，2002，16 (3)：1－3.

[34] 张钦，达庆利，沈厚才. 供应链中基于 Stackelberg 博弈的 EOQ 模型 [J]. 中国管理科学，2002，10 (3)：38－41.

[35] 罗兵，杨秀苔，熊中楷. 部分短缺量拖后时的边生产边需求 EOQ 模型及应用 [J]. 系统工程，2002，20 (2)：46－49.

[36] 陆贵斌，胡奇英，甘小冰. 定价和库存联合策略研究 [J]. 系统工程学报，2002，17 (6)：531－536.

[37] ClarkA J, Scarf H. Optimal policies for a multi-echelon inventory problem [J]. Management Science, 1960, 6 (4): 475－490.

[38] Ram Ganeshan. Managing supply chain inventories: a multiple retailers , one multiple suppliers model [J]. International Journal of Production Economics, 1999 (59): 341 - 354.

[39] Lee H L, Padmanabhan V, Whang S. The bullwhip effect in supply chain [J]. Sloan Management Review, 1997, 38 (4): 93 - 102.

[40] Metters R. Quantifying the bullwhip effect in supply chains [J]. Journal of Operations Management, 1997, 15 (2): 89 - 100.

[41] Lee H L, Padmanabhan V, Whang S. Information distortion in a supply chain: The bullwhip effect [J]. Management Science, 1997, 43 (4): 546 - 558.

[42] Sterman J D. Modeling managerial behavior: Misperception of feedback in a dynamic decision making experiment [J]. Management Science, 1998, 35 (3): 321 - 339.

[43] Frank Chen, Zvi Drezner, Jennifer K Ryan. Quantifying the bullwhip effect in a simple supply chain: the impact of forecasting, lead times, and information [J]. Management Science, 2000, 46 (3): 436 - 443.

[44] Malone T W, Crowston K G. The interdisciplinary study of coordination [J]. Acm Computer Surveys , 1994, 26 (1): 87 - 119.

[45] Desiraju R, Moorthy S. Managing a distribution channel under asymmetric information with performance requirements [J]. Management Science, 1997, 43 (12): 1628 - 1644.

[46] Goyal S K, Gupta Y P. Integrated inventory and models: the buyer-vendor coordination [J]. European Journal of Operational Research, 1989, 41 (3): 261 - 269.

[47] Rosenfield D B. Global and variable cost manufacturing systems [J]. European Journal of Operational Research, 1996, 95 (2): 325 - 343.

[48] 王迎军. 供应链管理实用建模方法与数据挖掘 [M]. 北京: 清华大学出版社, 2001.

[49] 陈剑, 蔡连侨. 供应链建模与优化 [J]. 系统工程理论与实践, 2001, 10 (6): 26 - 33.

[50] Hodder J E, Jucker J V. Plant location modeling for the multinational firm [A]. Proceedings of the Academy of International Business Conference on the Asia-Pacific Dimension of International Businee [C]. Honolulu, 1982: 248 - 258.

[51] Hodder J E, Dincer M C. A multifactor model for international plant location and financing under uncertainty [J]. Computers & Operations Research, 1986, 13 (5): 601 - 609.

[52] Cohen M A, Kleindorfer P R. Creating value through operations: the legacy of Elwood S Buffa [M]. Boston M A Kluwer Academic Publishers, 1993, 3 - 21.

[53] Arntzen Bruce C, Brown Gerald G, Harrison Terry P, et al. Global supply chain management at digital equipment corporation [J]. Interfaces, 1995, 25 (1): 69 - 93.

[54] Michael J Maloni, Benton W C. Supply chain partnerships: opportunities for operations research [J]. European Journal of Operational Research, 1997, 101 (3): 419 - 429.

[55] Leavy B. Two strategic perspectives on the buyer-supplier relationship [J]. Productional Inventory Management Journal, 1994, 35 (2): 47 - 51.

[56] Lyons T F, Krachenberg A R. Mixed motive marriages: what's next for buyer-supplier relatioaship [J]. Sloan Management Review, 1990, 31 (3): 26 - 36.

[57] Landeros R, Reck R , Plank R E. Maintaining buyer-supplier partnerships [J]. International Journal of Purchasing and Materials Management, 1995, 31 (3): 3 - 31.

[58] Lee Hau L, Billington Corey. Material management in decentralized supply chains [J]. Operations Research, 1993, 41 (5): 835 - 847.

[59] 卡利斯·Y·鲍德温，金·B·克拉克. 价值链管理 [M]. 中国人民大学出版社，哈佛商学院出版社，2001.

[60] 郑迎飞，赵旭，华燕青. 企业管理绿色供应链管理 [J]. 决策借鉴，2002，15 (3): 2 - 5.

[61] 沈厚才，陶青，陈煜波. 供应链管理理论与方法 [J]. 中国管理科学，2000，8 (1): 1 - 9.

[62] Brown G G, Graves G W. Design and operation of a multicommodity production/distribution system using primal goal decomposition [J]. Management Science, 1987, 33 (11): 1469 - 1480.

[63] Cole M H. Service considerations and the design of strategic distribution systems [D]. School of Industrial and Systems Engineering, Georgia Institute of Technology, Atlanta, GA, 1995.

[64] 董海，王宛山，巩亚东，等. 基于网络化制造的供应链战略能力规划研究 [J]. 东北大学学报，2006，27 (5): 540 - 544.

[65] 王玮，柴跃庭. 有限资源能力下的供需问题研究 [J]. 系统工程理论与实践，2001，10 (2): 86 - 90.

[66] 诸克军，匡益军. 基于动态预测企业生产计划模型 [J]. 系统工程理论与实践，2003，12 (1): 94 - 98.

[67] 万可，余玉刚. 关于多品种有约束存储模型的一种非线性整数规划方法 [J]. 系统工程，2002，20 (4): 15 - 19.

[68] 王万良，陈志强，张治辉，等. 面向定单的连续生产过程动态调度方法 [J]. 系统工程，2002，20 (4): 44 - 47.

[69] 刘春林，何建敏，施建军. 供应链的协作供应问题研究 [J]. 管理科学学报，2002，5 (2): 29 - 33.

[70] 赵晓煜，汪定伟. 供应链中二级分销网络的优化设计模型 [J]. 管理科学学报，2001，4 (4): 23 - 26.

[71] DongHai, Wanshan Wang, Yanping Li. Research on An Enabling Framework for Flexible Simulation Model in Diverse Manufacturing System [A]. The 11th International Conference on Industrial Engineering and Engineering Management [C]. 2005, 611 - 615.

[72] 让 - 雅克·拉丰，大卫·马赫蒂摩. 激励理论（第一卷）：委托 - 代理模型 [M]. 北京：中国人民大学出版社，2002.

[73] 张维迎. 博弈论与信息经济学 [M]. 上海：上海人民出版社，1996.

[74] 黄河，但斌，刘飞. 供应链的研究现状及发展趋势 [J]. 工业工程，2001，4 (1): 16 - 20.

[75] Forrester J W. Industrial Dynamics [M]. Cambridge: MIT Press, 1961.

[76] Tayur S, Ganeshan R, Magazine M. Quantitative models for supply chain management [M].

Kluwer Academic Publishers, 2000.

[77] Crespo Marquez A, Rubiano O, et al. Benefits of the internet for the supply chain management: A characterization and simulation study [J]. International Journal of Agile Manufacturing. 2001, 4 (2), 25 - 42.

[78] Sabri E H, Beamon B M. A multi-objective approach to simultaneous strategic and operational planning in supply chain design [J]. International Journal of Management Science, 2000, 28 (6): 581 - 598.

[79] Wen Zhao, Yusheng Zheng. Optimal dynamic pricing for perishable assets with nonhomogeneous demand [J]. Management Science, 2000, 46 (3): 375 - 388.

[80] 黄小原，李宝家. 供应链集成化模型与优化 [J]. 信息与控制，2001，30 (3): 279 - 283.

[81] 汤萱，王威孚. 基于电子商务的电子供应链管理机制研究 [J]. 科技管理研究，2006，26 (3): 177 - 179.

[82] Edgar P, Ignacio G, et al. Dynamic modeling and classical control theory for supply chain management [J]. Computer and Chemical Engineering, 2000, 24 (2 - 7): 1143 - 1149.

[83] Riddalls C E, Bennett S. The optimal control of batched production and its effect on demand amplification [J]. International Journal of Production Economics, 2001, 72 (2): 159 - 168.

[84] 萱惠玉，高宝俊. 管理与社会经济系统仿真 [M]. 武汉：武汉大学出版社，2002.

[85] 康凤举. 现代仿真技术 [M]. 北京：国防工业出版社，2001.

[86] 顾启泰. 离散事件系统建模与仿真 [M]. 北京：清华大学出版社，1999.

[87] 李仲学，赵文广，李翠平. 离散事件仿真及其应用的某些进展 [J]. 计算机仿真，1999，16 (4): 3 - 6.

[88] 陈剑，陆今芳. 基于多智能自主体的企业供应链研究 [J]. 计算机集成制造系统，2001，7 (6): 1 - 5.

[89] 董海，王宛山，李彦平. 基于 Petri 网的海关业务流程工作流模型分析 [J]. 机械设计与制造，2005，(7): 85 - 91.

[90] 梁浩，王渝，吴迪. 供应链建模、仿真与优化问题研究 [J]. 中国机械工程，2002，13 (10): 864 - 867.

[91] 孙永军，王正肖，潘晓弘，等. 敏捷供应链集成化建模方法 [J]. 中国机械工程，2002，13 (19): 1679 - 1683.

[92] 杨湘龙，王飞，冯允成. 仿真优化理论与方法综述 [J]. 计算机仿真，2000，17 (5): 1 - 5.

[93] 钱敏平，龚光鲁. 从数学角度看计算智能 [J]. 科学通报，1998，43 (16): 1681 - 1695.

[94] Holland J H. Adaptation in natural and artificial systems [M]. Cambridge: MIT press, 1992.

[95] Press W H, Teukolsky S A. Simulated annealing optimization over continuous space [J]. Computers in Physics, 1991, 5 (4): 426 - 429.

[96] Reeves C R. A genetic algorithm for flowshop sequencing [J]. Computers & Operations Research, 1995, 22 (1): 5 - 13.

[97] 马良，项培军. 蚂蚁算法在组合优化中的应用 [J]. 管理科学学报, 2001, 4 (2): 32 - 37.

[98] 王兴国. 论制造企业生产物流的改进策略 [J]. 物流工程与管理, 2010, 32 (2): 15 - 16.

[99] 郭凤梅. 制造业企业生产物流理论及应用研究 [D]. 武汉: 武汉科技大学, 2003.

[100] 王宏亮. 多层集成动态生产调度系统 [J]. 计算机集成制造系统, 2011, 17 (6): 1239 - 1246.

[101] 周海荣. 离散制造企业生产物流系统建模与仿真 [D]. 四川: 西南交通大学, 2010.

[102] 董志. 生产物流系统在制品库存动态控制模型的建立 [J]. 苏州市职业技术学校, 2010, 21 (4): 40 - 43.

[103] Simon H A. On the application of servomechanism theory to the study of production control [J]. Econometrica, 1952, 20 (2): 247 - 268.

[104] Ansoff H I, Slevin D P. Comments on Professor Forrester's industrial dynamics-after the first decade [J]. Management Science, 1968, 14 (9): 600 - 609.

[105] Towill D R. Dynamic analysis of an inventory and order based production control system [J]. International Journal of Production Research, 1982, 20 (6): 671 - 687.

[106] Porter B, Bradshaw A. Modal control of production-inventory systems using piecewise-constant control policies [J]. International Journal of Systems Science, 1974, 5 (8): 733 - 742.

[107] Bradshaw A, Daintith D. Synthesis of control policies for cascaded production-inventory systems [J]. International Journal of Systems Science, 1976, 7 (9): 1053 - 1070.

[108] Bradshaw A, Erol Y. Control policies for production-inventory systems with bounded input [J]. International Journal of Systems Science, 1980, 11 (8): 947 - 959.

[109] Ho Y C, Cao X R. Perturbation analysis of discrete event dynamic [M]. Bostan : Kluwer Academic Publishers, 1991.

[110] Amin M, Altiok T. Control policies for multi-product-multi-stage manufacturing systems: an experimental approaches [J]. International Journal of Production Research, 1997, 35 (1): 201 - 223.

[111] 郭彩芬，王宁生. 串行生产线生产与库存的最优控制 [J]. 中国机械工程, 2004, 15 (10): 892 - 894.

[112] Williams J F. A hybrid algorithms for simultaneous scheduling of production and distribution in multi-echelon structures [J]. Management Science, 1983, 29 (1): 77 - 92.

[113] Chandra P. A dynamic distribution model with warehouse and customer replenishment requirements [J]. Journal of the Operational Research Society, 1993, 44 (7): 681 - 692.

[114] Altiok T, Raghav R. Multi-stage, pull-type production/inventory systems [J]. IEE Transactions, 1995, 27 (2): 190 - 200.

[115] Bensoussan A, Hurst E G, Naslund B. Management applications of modern control theory [M]. A msterdam: North-Holland, 1974.

[116] Jammernegg W. On the optimality of generalized policies in production-inventory Systems [J]. Methods of Operations Research. 1981, 41 (3): 300 - 400.

[117] Agrell P J, Wikner J. An MCDM framework for dynamic systems [J]. International Journal of Production Economics, 1996, 45: 270 - 290.

[118] Evans G N, Naim M M, Towill D R. Application of a simulation methodology to the redesign of a logistical control system [J]. International Journal of Production Economics, 1998: 157 - 168.

[119] 张远昌. 仓储管理与库存控制 [M]. 北京: 中国纺织出版社, 2004.

[120] 陈浩, 蔡敏. 面向电子制造服务企业的在制品库存控制研究 [D]. 杭州: 杭州电子科技大学, 2012.

[121] 潘丰. 自动控制原理 [M]. 北京: 机械工业出版社, 2010.

[122] 控制原理——拉氏变换 [EB/OL]. [2011 - 01]. http: //wenku. baidu. com/view/254d8a89d0d233d4b14e69df. html.

[123] 曲立. 库存管理理论与应用 [M]. 北京: 经济科学出版社, 2006: 21 - 30.

[124] 杨伯雁, 苗瑞. K公司计划及预测改进对于合理库存配置的研究 [D]. 上海: 上海交通大学, 2009.

[125] 刘凡, 冯明军. 基于 Matlab 仿真的烤箱温度控制系统设计与分析 [J]. 电子制作, 2013, 5: 1 - 2.

[126] 张红光. 柴油机电子调速复合控制策略研究 [D]. 哈尔滨: 哈尔滨工程大学, 2012.

[127] 前馈/反馈控制系统设计 [EB/OL]. [2011 - 01]. http: //wenku. baidu. com/view/209811e8e009581b6bd9ebe7. html.

[128] 李国林. PID 控制器参数整定技术研究与优化设计 [D]. 大连: 大连理工大学, 2010.

[129] 林程军. 采用单片机的电阻点焊智能控制器开发 [D]. 沈阳: 沈阳工业大学, 2006.

[130] 陶永华. 新型 PID 控制及其应用 [M]. 北京: 机械工业出版社, 2002.

[131] 张茜, 史永宏. 基于遗传算法优化的智能控制研究 [D]. 北京: 中国石油大学, 2010.

[132] 陈国良. 遗传算法及其应用 [M]. 北京: 人民邮电出版社, 2001.

[133] 赵保才, 王先来. 基于遗传算法的鲁棒 PID 设计 [D]. 天津: 天津大学, 2006.

[134] 姜长生. 智能控制与应用 [M]. 北京: 科学出版社, 2007.

[135] 王茂林, 马彦. 改进遗传算法及其在 PID 控制器参数优化中的应用 [D]. 吉林: 吉林大学, 2011.

[136] 刘虹, 张卫国. 应用改进遗传算法进行 PID 控制器参数整定 [D]. 江苏: 江苏大学, 2006.

[137] 张国强, 彭晓明. 自适应遗传算法的改进与应用 [J]. 舰船电子工程, 2010, 30 (1): 83 - 85.

[138] Perea E. Dynamic Modeling and Classical Control Theory for Supply Chain Management [J]. Computers and Chemical Engineering, 2000, 24 (7): 1143 - 1149.

[139] Reddy A M. A Simulation Study of Dynamic Order-up-to Policies in A Supply Chain with Non-stationary Customer Demand and Information Sharing [J]. The International Journal of Advanced Manufacturing Technology, 2005, 25 (9): 1029 - 1045.

[140] Lin P H. Controller Design and Reduction of Bullwhip for A Model Supply Chain System Using Z-transform Analysis [J]. Journal of Process Control, 2004, 14 (5): 487 - 499.

[141] Chen F. The Impact of Exponential Smoothing Forecasts on The Bullwhip Effect [J]. Naval Research Logistics, 47 (4): 269 - 286.

[142] Bradshaw A. Synthesis of Control Policies for A Production-inventory Tacking System [J]. International Journal of Systems Science, 1975, 6 (5): 225 - 232.

[143] 孙增圻. 计算机控制理论及应用 [M]. 北京: 清华大学出版社, 2000.

[144] Disney S M. On the Bullwhip and Inventory Variance Produced by An Ordering Policy [J]. Omega, 2003, 31 (3): 157 - 167.

[145] Towill D. Industrial Dynamics Modeling of Supply Chains [J]. In International Journal of Physical Distribution & Logistics Management, 1996, 26 (2): 23 - 42.

[146] Cachon Gerard P. Managing Supply Chain Demand Variability with Scheduled Ordering Policies [J]. Management Science, 1999, 45 (6): 843 - 856.

[147] Corbett Charles J. Stochastic Inventory System in a Supply Chain with Asymmetric Information: Cycle Stocks, Safety Stocks, and Consignment Stock [J]. Operations Research, 2001, 49 (4): 487 - 500.

[148] Camacho E F. Model Predictive Control [M]. Springer-Verlag London Limited, UK, 2002.

[149] Ydstie B E. A Model Predictive Control Strategy for Supply Chain Optimization [J]. Computers and Chemical Engineering, 2003, 27 (8): 1201 - 1218.

[150] Maciejowski J M. Predictive Control with Constraints [M]. Pearson Education Limited, Harlow, UK, 2002: 125 - 137.

[151] Tzafestas S. Model-based Predictive Control for Generalized Production Problems [J]. Computers in Industry, 1997, 34 (2): 201 - 210.

[152] Wang W. A Model Predictive Control Approach for Managing Semiconductor Manufacturing Supply Chains under Uncertainty [A]. Annual AICHE Meeting [C]. San Francisco, 2003: 1 - 34.

[153] Braun M W, Rivera D E. A Model Predictive Control Framework for Robust Management of Multi-Product Multi-Echelon Demand Networks [A]. Annual Reviews in Control [C]. Barcelona, Spain: 2003. 229 - 245.

[154] Dunbar W B. A Distributed Receding Horizon Control Algorithm for Dynamically Coupled Nonlinear Systems [A]. IEE European Control Conference [C]. Seville, Spain: 2005, 576 - 603.

[155] Chopra S, Meindl P. Supply Chain Management: Strategy, Planning and Operations [M]. New Jersey: Pearson Prentice-Hall Press, 2004. 58 - 79.

[156] Sterman J D. Business Dynamics-Systems Thinking and Modelling in a Complex World [M]. New York: Mcgraw Hill Press, 2000.

[157] William B Dunbar, Desa S. Distributed Model Predictive Control for Dynamic Supply Chain Management [A]. In Proceedings of the International Workshop on Assessment and Future Directions of NMPC [C]. Freudenstadt-Lauterbad, Germany: 2005. 26 - 30.

[158] Richards A, How J. A Decentralized Algorithm for Robust Constrained Model Predictive Control [A]. Proceeding of American Control Conference [C]. Boston, Massachusetts: 2004,

4261 – 4266.

[159] 达庆利，张钦，沈厚才. 供应链中牛鞭效应问题研究 [J]. 管理科学学报，2003，6 (3)：86 – 93.